「うちの新人」を最速で「一人前」にする技術

美容業界の人材育成に学ぶ

講談社＋α《プラスアルファ》新書

まえがき

ゆとり世代を一人前に育てる力

私が「リクルート」で主にキャリア形成、進学事業の分野で働いた後、「ビューティ総研」を立ち上げ、美容業界に足を踏み入れたのが２０１０年のこと。顧客調査や消費行動の研究をし、美容業界の成長のために提言をする仕事を通して、多くの美容院の経営者に会い、経営理念や教育方法を伺ってきました。

お話を伺うごとに、私は美容業界で働く人々の魅力に惹き付けられてきました。異業種の私をすっと迎え入れてくれる人なつっこさ。計算よりも人情。仕事や今後の夢について語り合う時間。ライバル同士でも情報を交換し合って一緒に学ぶ場をつくる風土。会食や講演の後に届く毛筆の礼状……。とにかく熱いハートを持つ、向上心の強い人たちが多いことに驚きました。

それまで高校生や大学生に仕事や学校の情報を提供する事業や、街でビジネスを行う店舗系の経営者をサポートする事業に携わってきた私にとって、美容業界で出会った経営者たちは、今まで出会ってきた経営者たちとはまた違った大きな人間的魅力を持つ人たちでした。

美容業界で私がお会いした経営者は1000人を超えます。一言二言、言葉を交わしただけの方もいれば、何度もお会いし、一杯飲《や》りながらお話を聞いた方もいらっしゃいます。

多くの美容院の経営者に出会い、私が感じた印象は、とにかく熱いハートの持ち主が多いということ。美容師といえばオシャレな人たち。感性の世界で生きているアーティスト。そう思っていた私ですが、実際の姿はまるで違いました。

敵味方なく、業界全体で人を育てまくっている！
世界で戦える技術。世界が認める品質。まさにジャパンプレミアムの職業！
サラリーマンの比ではなく稼いでいる人がいる。サクセスストーリーがある！
驕《おご》っていない、謙虚な人が多い
ビジネスとしての成功ポイントがわかりやすい！
失敗をしてもまったくめげない、たくましい人が多い
なんて礼儀正しいんだろう
若い子から経営者まで、みんな目がキラキラしている
みんな夜中まで熱く仕事の話をしている！

このような感想を持つたびに「美容業界はすごい業界だ！　ひょっとしたら日本の未来を先取りしている業界かもしれない」と考えるようになりました。その考えは、3年経った今、揺るぎないものとなっています。

人間相手の古くからあるアナログな仕事に見える美容業界が、未来を先取りしていると思う一番の大きな理由は、**今後日本の中心産業となるサービス業のエッセンスがつまった業界**であること。そして**人の成長と売り上げが直結するからこそ、人材の教育に力を入れる人材育成産業**であることです。

現場である美容院に目を向けると、専門学校を卒業したばかりの春には学生気分が抜けていなくて頼りなかった新入社員たちが、数ヵ月で見違えるほど社会人らしくなっていることに気づきます。その姿は私がこれまで目にしてきたホワイトカラーの新人たちよりも、どこかひたむきで緊張感があります。

礼儀正しくきびきびと働く美容院の新人たち。彼らは技術者としてデビューする日のために熱心にレッスンを重ねています。その生き生きとした笑顔を見ると、経営者だけが熱いのではなく、その熱が確実に若者たちにも伝播《でんぱ》していることがわかります。

最近の若者は競争を好まない、熱くならない、組織に依存する――。

「ゆとり、さとり、やどり」などと呼ばれる昨今の若者たちを指導することに悩んでいる立場の人間が見たら羨むほど、美容業界における「人」の成長のスピードは速く感じます。

美容師は専門職だから？　覚悟を持って進路選択をしてきた若者たちだから？　決してそれだけではないようです。美容業界全体が**社会に出てきた若者を、一人前に育てる力がとても強い**のです。

それはなぜなのでしょうか。

多くの顧客に支持されている美容院の経営者たちが、口をそろえて言う言葉があります。それは「**美容業界は教育産業だ**」という言葉です。

美容院にとっての一番の商品は「**人**」です。売り上げを作るのは「人が提供する」サービスそのもの。これほど長い時間、人と人が接する職業は他の業種を見ても多くはありません。人の成長と売り上げの伸びが比例する。だからこそ人材教育に一番力を入れるし、人材育成力のない会社は生き残っていけない業界なのです。

今はモノもサービスもブランドも差別化が難しい時代です。だからこそ「誰から買うか」「誰と取り引きするか」が、あらためて重視されています。今後私たちは売り物の商品だけではなく**「自分には値段がついていて、顧客の消費行動の判断基準のひとつになっている」**ことに気づかされる機会も増えるでしょう。自分自身の価値が即売り上げに直結しているシビアな環境で人材育成を続けてきた美容業界のやり方は、時代を先取りしていたといえるのではないでしょうか。

ある経営者はこう話してくれました。「もともと田舎の美容院に就職したいと言ってくれる子なんてほとんどいなかった。来てくれた学生は全員採用して、全員を一人前に育てるしか、そもそも道がなかったんだよ」

山口県の小さな町でハサミ一丁から始めたその美容院は、限られた応募者を戦力化し続けました。20年弱の間に120名の従業員を抱える企業へと成長した現在では、日本の美容業界の人材教育を牽引する存在となっています。

また別の経営者は、こんなことを言っていました。「できない人をできる人に育てること。**できる人になったら、次はゆだねられる人へ育てていく**こと。これが私たちの使命です」と。

美容業界に就職してくる人たちは必ずしも勉強が得意な人たちばかりではありません。学力偏差値で切り分けられる「できる人」ではなかったかもしれません。しかし、**勉強することと学ぶことは同じではありません。**美容業界の経営者たちは、実に上手に若者の「学びたい気持ち」や「向上したい気持ち」の芽をキャッチして、その芽を大きく育んでいきます。

今、この美容院が輩出した「ゆだねられる人」に育った人材は、日本だけではなく海外でも活躍し、国内からシンガポールへ、そしてヨーロッパへと店舗を増やしています。

美容業界の人は環境適応力が高い

人生80年時代という言葉も既に古くなり、これからは人生100年時代になると言われています。先日も、今の中学生の半数は100歳まで生きるだろうという話を聞きました。年金受給年齢も65歳どころか今後さらに引き上げられる可能性が高く、働く年齢も65歳、70歳、75歳と長くなっていくことを考えないといけないようです。

場合によっては自分が勤める企業の寿命よりも、自分が働かなくてはいけない年数のほうが長くなる。そうでなくとも、働いている間に今扱っている商品やサービスがなくなってしまうことや、職業として衰退してしまうことは起こりうるでしょう。

私たちは**常に自分の技術や知識を更新しなければ生き残れない**と思い定めなければいけません。そして、このような態度でこれから働いていくために必要なのは、変化への対応力と適応力です。組織に依存せず、自分自身が主人公となって生きる、自律的に仕事を考えていく、そんな生き方を意識しなければいけないのです。

そのとき、参考になり、ヒントになるのが美容業界で行われている人材育成の考え方。

繊細な女性の美を扱い、近い距離で接客を行い、独立も多く、若手の早期戦力化に命がけの、ひと味違う業界。そして今まさに私たちが少々手こずっている「ゆとり」「さとり」「やどり」世代の職場教育に、早くからさまざまな取り組みをしている業界。その業界の中で実績をあげているリーダーたちの取り組みをひもといていくと、多くの職場での新人の指導に応用できることがずいぶんとあるのです。

航空会社の幹部職や役所への出向を経験した後、美容院の経営者に転職したという異色の経歴を持つ社長にインタビューしたときの言葉が印象的でした。

「何よりも素晴らしいと思ったのは、**美容業界の人たちは環境適応能力が高い**こと。かなり幅があるさまざまな環境で育った社員がいて、何が起きても吸収できる強さや生きる力のある人が多い。私が今まで出会ったエリートたちとは違うたくましさがある」と。そして「このような力がこれからの時代を生き抜いていく力でもある」と続けられたのです。

美容師は徹底的に顧客の声を聴かなくてはならない職業です。

流行はもちろんのこと、顧客の好みの変化、時代の変化に対応できる人材を育てる必要があります。だからこそ、彼らの環境適応力の高さは日本を代表する企業から転職した方の目にも、魅力的に映ったのでしょう。

震災でも指摘された強い人間力

変化や困難への適応力というのは、言い換えると人に対する理解と共感ができる力。つまり、人間理解力と言えるかもしれません。

2011年の東日本大震災のとき、美容師の皆さんはすっと人のそばに寄り添い、言葉をかけ、話を聞き、髪を整えてあげることができたと聞きます。髪を切ってもらった女性が「震災後、初めて笑いました」とコメントした映像はテレビでも放送されたので、皆さんのご記憶にもあるかもしれません。

ボランティアで被災地に入った方が「自分の寝るところがない状態で、お客さまの安否確認をしながら髪を切って歩いている地元の美容師さんを何人も見ました」と、そのときの様子を伝えてくれました。

人と人との密なコミュニケーションを毎日続けているからこそ養われる**「人に対する関心の高さ」は、厳しい局面においてこそ際立つ**ように思います。この「人と関わる力」「人の心に寄り添える力」は、これからの社会や職場で良い仕事をするためにますます大切になってくるのではないでしょうか。

選抜から育成の時代へ

一方、私たちの周りでは、新卒の若手に対して、付き合いが悪い、常識の感覚が違う、どう指導していいかわからないという声が多いようです。世代のギャップ、若者への苦言はどの時代にもあったことですが、嘆いているだけでは何も変わりません。

美容業界とて、そのような――やる気と情熱を持ち、タフで、変化に強い――人材が、黙って育つわけではありません。顧客の強い支持を得て、現在もファンを増やしている美容院には、経営者の皆さんが**頭に汗して考え出したさまざまな人材教育の工夫**があります。
採用したその日から、あらゆる成長のきっかけを与え、その種を育んでいく方法には、私自身がとても多くを学びました。

アベノミクスで人材の採用活動には少々陽がさしてきましたが、多くの企業、特に私がこれまでお付き合いをしてきた中小企業や街で商売をする個人経営の現場においては、まだまだ圧倒的に人手不足です。

また、激戦を勝ち抜いて大手に職を得た若者も、一人前になる前に辞めてしまうことが少なくありません。厳選して採用した若者ですから、もちろん採用側も期待し教育に投資もします。それなのに、一人前になる前に辞められてしまっては、教えた時間と労力を返してくれと言いたくもなるでしょう。

これからは、会社を選んでくれたすべての若者を最速で一人前に育成していくことが何より大事なのです。
育成すること、すなわち一人ひとりの成長が組織の成長です。
そう考えるとき「**選抜するのではなく一人残らず育成する**」「**一日も早く新人を戦力化す**

る」という、美容業界の教育法は、私たち他業種の多くの会社や職場でも大きなヒントになるはずです。

本書では、私が美容業界で知り得た「新人を一人前に育てる技術」を具体的な事例とともに紹介します。

そして、私たちがいかにすれば「うちの新人」を頼もしい人材に育てることができるのか。美容業界における成功例をひもときながら、一緒に考えていきたいと思います。

◉目次

第三章　「さとり」に火をつける

第四章　「やどり」を自立させる

第一章　「ゆとり」をつまずかせない

小中学校で「ゆとり教育」を受けた世代（1987年4月2日〜2004年4月1日生まれ）が、四大卒で企業に入社してくるようになり、5年ほど経ちました。競争しない、消費しない、冒険をしない、失敗を恐れる、指示待ちが多いなど、新人を教育する立場の人たちからは、今までのやり方では通用しないという声を多く聞きます。

美容業界の新人は、その多くが高校卒業後、美容専門学校に2年通って20歳で就職をします。ですから、四大卒をメインに新卒採用をしている一般企業より、やや早い段階からこの「ゆとり世代」が入社してきたと言えます。

ここから二章にわたって、「ゆとり」と呼ばれる若者たちを、自分の頭で考えて、行動をする、一人前の社会人に育てていく美容業界の工夫を紹介します。

型は財産。押し付けてでも伝える

美容業界での人材育成を速く強くしている要因のひとつに「型」の習得があります。

熊本県で6店舗を経営する**ピカイチ**という美容院の取り組みを紹介します。この美容院は「入社したスタッフを全員稼げるスターにする」というのがモットーで、地元のテレビ局がその教育法を1時間のドキュメンタリー番組で密着取材するほど、人材教育の面で注目されています。

私も店にお邪魔しましたが、とても感じの良いにこやかな挨拶で出迎えられます。中に入ると、スタッフがてきぱきと仕事をしている様子が見えます。顧客との距離もとても近く、皆さん楽しく会話をしています。技術も手早く、動きに無駄がありません。スタッフ全員が、高い技術とホスピタリティを持って接客をしていることがわかります。全国でもトップクラスの売り上げを誇るスタープレイヤーを続々育てているサロンというのも頷《うなず》けます。

こうしたホスピタリティも技術も、最初は「型」の習得からスタートしています。

この美容院の経営者は大学を卒業してから公認会計士の勉強を経た後に美容師を志し、東京の一流サロンで修業をした後に地元に戻ってきた方です。

以前は、スタッフに「型」を押し付けると個性を伸ばせなくなるのではないかとの葛藤があったそうです。しかし「しっかり挨拶ができる」「掃除ができる」「てきぱきと動ける」などは社会人としての「型」。この「型」は業種を問わず必要だから、もっと自信を持って押し付けたほうがいいだろうと考えるようになってから、ふっきれたと話してくれました。

この経営者は「型を押し付けられてなくなるような個性だったら、そもそもそれは個性ではない。人の個性は、そんなひ弱なものではない」と言います。

また「型を押し付けるからこそ、必ず結果を出してあげなくてはいけない。基本通りやっていくと上手《うま》くいくでしょう？　という成功体験を毎日積ませなくては」という言葉にも、私は大変共感しました。


少子化で、両親・祖父母と、多くの目が注がれて育ってきた今の世代には、放っておいて伸びる子は多くありません。少々構ってあげるほうが安心するし、小さな成功を小さく褒めるのを繰り返すことも大切です。**日々の仕事で小さな成功体験を重ねていく**ことで、自分を信頼できるようになっていく。そしてそれが次のチャレンジにつながっていくのです。

ピカイチの朝礼は大変ユニークです。

まず、スタッフ同士が2人一組のペアになり相手を褒めに褒める「褒めマックス」という時間があります。組になった相手のその日の服装や髪型を、制限時間30秒の中で褒められるだけ褒める。褒められたほうもお礼の気持ちを伝えながら、相手を褒めます。

「○○さんの今日のスカーフは素敵ですね。今年のトレンドのボタニカル柄をいち早く取り入れていてとてもオシャレです」「そういう△△さんも、トップスの鮮やかなブルーがお似合いです。ボーイッシュなショートヘアがより爽やかに見えますね！」というように。大げさに褒め、褒められても、照れずに素直に受け止めるというのがルールです。

これには、朝から褒めて褒められる気持ちよい時間を過ごしてモチベーションを高めるというだけではなく、美容師にとって不可欠な「人を褒めるという型」を自分の中にしっかりしみ込ませるという狙いがあるそうです。

「体に気持ちがついていく」という言葉がありますが、まさにこの「褒めマックス」は、その一例です。**アウトプットは身体性とワンセットにすること**。体を使ってアウトプットするからこそ「型」が身につくのです。

ここでは、笑顔で挨拶をするということも「型」として「練習」します。自然なにこやかさを見せられるようになるためにも、笑顔という表現方法を、アウトプットを通して体に覚えさせるのです。

また、毎朝、スタッフ全員に今日のＴｏ Ｄｏを書き出して提出させ、経営者がすべてに目を通してチェックするということも長年続けています。これもやはり、手を動かし、文字を書きアウトプットすることで、体に気持ちがついていくのだと言えます。

社会人として生きていくために必要な「型」は、押し付けてでも身につけさせたい。個性は「型」を身につけた後に育つと言っていたこの経営者ですが、ここで教育された若いスタッフたちが、次々とスター美容師になっているのを見ると、その方法が現代の若い世代にも有効だということがよくわかります。

「型」は、先人たちが作った、知恵の集合体とも言えます。武道や茶道や華道などの「道」には「型」がつきものです。

実は私も手習いに華道を始め、今は師範の免状を持っているのですが、最初の何年かはひたすら「型」を覚える日々でした。

活ける花の長さや角度にも「型」があり、日々、その「型」を覚えるための修業なのです。正直、それをつまらないと感じたこともありました。

最初は、奥行きが足りないとか角度がおかしいとか言われてもピンときません。でも「型」を繰り返し練習していくうちに、その言葉の意味がわかるようになってくる。

「型」は、先人たちが作った一番美しいと言われている黄金比です。その美の方程式を学んで自分のものにしてから、初めて自分らしい工夫を凝らすことができるのだと知りました。

このような「型」は、どの「道」にもあります。どの職業にもあるはずです。

美容業界では、この「型」**を早い段階で身につけさせることで、結果的に一人前になるまでの時間を短縮**しているのです。

厳しいレッスンの積み重ね

多くの方々は、美容師は専門学校を卒業し国家資格を取りさえすれば、お客さんの髪をカットできるのだと思っています。私も以前はそうでした。

しかし、美容院に就職しても、すぐには顧客の髪を切らせてもらえません。平均的には3〜4年間のアシスタント期間があり、その間は修業期間です。夜遅くまであかりのついた美容院を見かけたことが、皆さんもあると思います。店の中では、アシスタントがレッスンを重ねています。

ほとんどの美容院で、修業期間中のレッスンは細かくカリキュラム（いわば技術の「型」

です）が設定されていて、達成度をはかるための試験があります。シャンプーのしかたひとつ、ヘアカラーの塗り方ひとつ、ハサミの持ち方ひとつ、すべてにそれぞれの店の考える「型」があり、それを徹底して教え込んでいます。試験に合格するまでは、その技術を顧客に施すことはできません。シャンプー、カット、カラーリング、パーマ、ブロー、カウンセリングなどのすべての項目に合格して晴れてアシスタントを卒業し、顧客の髪を切ることができる「スタイリスト」として技術者デビューをします。

その試験に合格するために、最初はウィッグといわれる人形で練習をします。人形ですがそこについている毛は人毛で、実際にパーマ液やカラー剤にも反応するようになっています。

ある美容院で聞くと、アシスタント時代にはウィッグを100個以上カットするそうです。ウィッグは1個2500円程度しますので、一度切っただけでは廃棄しません。平均で3スタイルの練習に使い回すので、100個×3スタイルで、300スタイルはカットする計算になります。

ウィッグでの練習を重ねた後は、実際に人を連れてきての練習です。家族や友達だけでは練習する人数が足りないので、街にハントに出て練習モデルを探します。声をかけては断られという繰り返しを経て、いろいろな髪の長さ、髪質のモデルを確保し、技術を施します。

レッスンでは、先輩がつきっきりで指導にあたっています。最初に覚えるシャンプー技術はひとつ上の先輩が指導していることが多いのですが、難しいカット技術などは店長クラスが指導していることもあります。レッスン時間だけでできなかった技術は、自主練習を重ねて試験に備えます。

新人が最初に身につける技術、シャンプーの「型」を学ぶだけでも、その道のりは徹底しています。

まずクロスの付け方。首にタオルを巻いてから衣類を濡らさないためのシャンプークロスをかけますが、このタオルがしっかり巻かれていないとシャンプーしたときに顧客の服を濡らしてしまいます。耳よりも後ろは水が滴《したた》らないようにクロスの中にしっかりタオルを収めます。耳よりも前はクロスからタオルを出してクロスの接着テープが肌にあたらないようにします。

次に、顧客を座らせシャンプー台をスムーズに倒す練習。片手で頭を支え、シャンプー台を倒したらゆっくり顧客の体を寝かせます。この髪を濡らす前のレッスンだけで数時間から数日かかることもあります。

そして髪を濡らす練習です。まず左手の親指と人差し指で頭を支える練習をします。クシで毛流れを整え、濡らしたときに髪がからまないようにします。ロングヘアの人は髪の流れに沿って水も流れてしまうので、毛を集めて水が流れる動線を作ります。

美容院のシャワーは水圧が高いので、勢いよく出る水の行方をコントロールする手首の動かし方も重要です。髪だけではなく頭皮に水があたるようにしながらも、耳には水が入らないようにするための手の添え方を学び、髪がからまないように水の方向性を一定にして髪を濡らします。髪の濡らし方をマスターするまで、1日3時間練習するとして、早くても数日。時間がかかる人だと2週間ほどかかります。

シャンプー剤のつけ方にもポイントがあります。髪を持ち上げながら空気を入れるように泡立てると汚れが浮きやすくなります。洗うときは頭頂部や後頭部など、面積の広い部分は人差し指から小指までの4本の指の腹全体を使って大きく指を動かします。逆に額の生え際は指1〜2本で泡が顔に落ちないように繊細に洗います。

シャンプーを流すときは、流し残しをしないようにすることはもちろんですが、手に一度水をため、こぽこぽっという水の音を聴こえるようにして、癒しの効果を高める工夫をしているという美容院もあります。

また同じシャンプーでも、カラー剤を流すときは地肌にカラー剤をつけないようにするために地肌から浮かしてするシャンプー、ストレートパーマ剤は薬が落ちにくいのでしっかりと薬を落とすシャンプー、最近流行の機械をつかってかけるホットパーマの場合はロッドを髪につけたままシャンプーをするので、また別の技術が必要です。

すべてのシャンプー技術をマスターしたら、試験があります。この試験に合格しないと、実際に顧客の髪は洗えません。美容院によっては、何十人もいるスタッフ全員の髪を洗い、全員から「合格」のハンコをもらえないと合格にならないところもあります。

シャンプー合格までは、美容院によって差がありますが、だいたい1ヵ月から長いと3〜4ヵ月。シャンプーの試験でチェックされるのは、テクニカルな部分もありますが、指先まで気持ちがこもっているかどうか。指先を通して安らぎや癒しを提供することもシャンプーの大事な役割なので、文字通り「かゆいところに手が届いているか」が厳しくチェックされます。これはまさに身体接触を伴うサービス業ならではの厳しさです。

ここまで徹底して練習した後でさえも、実際の営業でのシャンプーはとても緊張するそうです。ほんの少し顔に水がかかるだけでもクレームになりますし、最後にクロスを外すときは「服が濡れてませんように、濡れてませんように」と、毎回祈ってしまうという話も聞きました。

このように、徹底的に「型」を教える、もっと強い言い方をすれば、「型」を押し付けることは、一見個性を殺すように思われるかもしれません。しかし、「型」というのは「原理原則」です。**原理原則があるからこそ、応用が利く、個として伸びていける**ということが、美容業界の新人たちのその後を見ているとわかります。

成功体験の最短ルート

もうひとつ「型」を大事にしている美容院の例をあげましょう。

北陸のヘアデザイナー集団として、業界内でも一目置かれる**スニップス**という美容院があります。ここの美容師が提案する髪型はとてもオシャレで個性的です。顧客の年齢層は幅広いですが、中でも若い世代の女性は、自分に似合ったオンリーワンの髪型を求めてここに足を運んでいると感じます。

そんな個性的なヘアデザインを提供するスニップスですが、スタッフ教育ではやはり「型」を大変重要視しています。

ここで取り入れているのが「ボディモーション」というレッスン。具体的にはヘアカラーを「姿勢をしっかり整えて素早く塗る」方法です。背筋をしっかり伸ばしたら、腰を落とし、体の軸は左右にぶらさず目線を固定し、一定のスピードで刷毛をすべらせ、素早く5分でカラーリングを完成させる。顧客が見てプロフェッショナルを感じる姿勢、信頼されるための「型」を徹底して訓練します。

「プロらしい立ち居振る舞いでお客さまから信頼感を勝ち取れれば、美容のプロとしてお客さまと接することができる。そうすれば、『今日のお洋服、素敵ですね』などという、自分の苦手な話をしなくてもいい」と、経営者は笑います。

ここでも意識されているのは「型」を学んだことによる成功体験です。「ボディモーション」という「型」で信頼感を得ることができれば、アシスタントであっても顧客からプロとしてのアドバイスを求められる経験が増えます。

「『ありがとう』と言われながら、モチベーションを維持していくことが、今の若い世代には、とても重要」と経営者は言っていましたが、社会人になって早い段階で「ありがとう」と言われる成功体験を持たせるには、やはり「型」が重要だと感じます。

そして、そのモチベーションの先に「もっと喜ばれたい」「もっと上手になりたい」「一人ひとりに合わせた髪型の提案がしたい」という向上心が生まれ、結果的に北陸随一のヘアデザイナー集団が育ったのでしょう。

スニップスの取り組みを見ても、「型」は個性を殺さない。むしろ、個性を築くための礎になるということがわかります。

「型」があっての「守破離」

「守破離《しゅはり》」という言葉があります。

まずは師匠から「型」を学び、自分のものにする。これが「守」です。それから工夫をして自分らしさを型に持ち込んで「型」を破る。これが「破」です。そして初めて、「型」から離れる。それが「守破離」の「離」です。

私は華道でこの「守破離」を学びましたが、ピカイチの例も、スニップスの例も同じように「**守破離」に沿った教育システム**だと感じました。

「型」は個性を築くための礎になると言いましたが、一方で「ゆとり世代」は、「型」に慣れてしまい、「型」に安住しやすい面があります。

ある程度成長し「型」が定着した若手には、それを破る機会をあえて作ることも大事です。新しいタイプの仕事を与えたり、先例のない役割につけるなどして、思い切ってストレッチしてもらう。「型」が通じない場を与えて背伸びをさせるのがいいのです。

これまでのやり方が通用しない場は緊張するでしょうが、続けてハードルを作っていけば、その負荷が「型」を破る機会になります。自ら動けない「幅のない人」になってしまう前に、ショック療法的に、がらりと環境を変えてやるのは効き目があります。

異分野のカルチャーに触れることも刺激になります。社内や仲間内の価値観に支配され、スピード感がなくなってしまう前に、業務に関連しそうな異業種のセミナーや勉強会に意識的に参加させることも有効でしょう。

美容業界でも、段階的にハードルをあげ、「型」を破って新しいチャレンジを促す方法をとっています。

先ほどのスニップスの例では、ボディモーションという「型」をしっかり覚えた後、次のステップとして、顧客のタイプによってヘアカラーの塗り方を変える指導をしています。例えばおっとりしたタイプの顧客には意識的にゆったりとした手つきでカラーリングをし、せっかちな印象を与えないようにする。逆にてきぱきと論理的に話をするタイプの顧客には、毛束を引き出すときにスピード感を出して素早さを強調するなどの工夫を重ねて、最初に覚えた「型」に変化を加えていきます。

これもやはり、「型」を与えるだけではなく、相手を替えて考えさせることで「型」を破る機会を作り、次のステージに進ませている例と言えるでしょう。

変化の激しい時代に生き残る力

「守破離」についてもう少し考えてみましょう。

美容業界では「守破離」の考え方が必須です。なぜなら変化への対応力なしには生き残れない業界だからです。

顧客一人ひとりのニーズに応えることはもちろんですが、シーズンごとに変わる髪型や髪色の流行にも合わせなくてはいけません。最近では、IT化が進んだ社会のニーズにこたえ、インターネット予約や、SNSなどを活用した顧客フォローにも余念がありません。

次にどのような消費の山がくるのか、常に「見立て」をしながら、教育のカリキュラムも変化させています。

季節や時代性だけではなく、ゆりかごから墓場まで、あらゆる年代を相手にした対応力も求められます。赤ちゃんの初カット、その髪の毛を記念にする筆づくりから始まって、七五三、入学式に卒業式、成人式、結婚式から葬式まで。冠婚葬祭のあらゆるシーンにここまで深く関わる職業も少ないでしょう。

現在、日本の消費行動の中心となっている成熟化した（最近ではマチュア化などとも言われます）大人の女性への対応も進んでいます。オシャレやトレンドという流行からの顧客ニーズだけではなく「人と同じではない、自分らしさを大事にしたい」という個別性の高いニーズを捉えた提案にも、美容業界はいち早く取り組んでいます。

顧客の好みの変化、時代の変化に柔らかく対応できる人材を育てる必要性。これは他業界にいる私たちにとっても切実な課題です。どんなにしくみ化やＩＴ化が進んでも、とって代わられることのないのは、人にまみれ、人とつながる力だからです。

これまで売っていた商品やサービスが一瞬にして陳腐化してしまうことも、消滅してしまうこともこれまで以上に頻繁になるでしょう。「昔はこれで売れていた」という過去の成功体験にしがみついていては、生き残っていけません。

例えば日本を代表するフィルム会社は見事に新しい業態に変化しました。私の自宅にはミリ版フィルムカメラが何台も転がっています、愛着もあり、つい最近まで使っていたような気もしています。いつの間にか、そこら中で売っていたフィルムは姿を消しましたが、フィルムを作っていた会社はそれまで培ってきたナノテクノロジーや、光学に関する独自の知見などを応用して、化粧品を開発したり医療分野に乗り出したりと、これから成長の期待できそうな分野へと領域を変えています。かつてフィルムを扱っていた事業の方々はどうしているのでしょうか。自分たちの技術を引き継ぎながらも、新しい分野で積極的にこれまでとは違う仕事に取り組んでいらっしゃる方も大勢いるのだと思います。

私の世代の入社時はＩＴ化どころか携帯電話もありませんでした。ポケベルで呼び出され、夏ともなれば灼熱の電話ボックスで汗だくになりながら、取引先へアポイントの変更を連絡していました。そしてそのアポイントの取り方も、待ち合わせも、取引先を訪問する際のマナーも、デバイスの変化とともに修正されていきました。

その程度なら良いのですが、例えば流通のしくみが変わったり、紙媒体がインターネットに変わったり、訪問営業がなくなったりして、仕事そのものを失ったり、新しい仕事に適応できなかったりで四苦八苦している私たち世代の人間は少なくありません。ましてや、これからの時代を生きていく若い世代は、私たち世代の比ではない大きな変化にさらされることでしょう。

時代の変化にしなやかに対応して自らをアップデートしていくこと。美容業界で日々培われてきた変化への対応力は、はからずも、この時代を生き残っていくための最重要な能力になっているのだと感じます。

1万時間のレッスンで培う専門性

顧客のプロ化が進んでいます。インターネットで調べれば大抵のことはわかってしまうので、素人がどんどんプロ並みの知識を備えるようになっている。

そんな時代に本当のプロ、すなわち顧客の知識を超えて提案を行うことができる「替えの利かない人材」になるためには、高い専門性が求められます。

例えば、ワインの産地やワイングラスの選び方なども、ソムリエ並みに詳しい素人はたくさんいるものです。だからこそ本当のプロには、産地やブドウの品種、その味わい、またその形のグラスで飲む理由、料理との相性などに関するより深い知識はもちろんのこと、話術や手際のひとつひとつで、ワインや料理を味わうそのひとときを特別なものにする技量が求められるのです。

数々のベストセラーでビジネスマンに人気のマルコム・グラッドウェルの著書『天才! 成功する人々の法則』(講談社)によれば、1人の人間が**職業を通じて専門性を身につけるためにかかる時間は1万時間**。週に40時間働いたとして、52週で2080時間。1万時間というと、だいたい5年になるでしょうか。まずは1万時間で某《なにがし》かのプロになることがスタートラインです。

資格を取ることもひとつの目安にはなるでしょうが、専門性は資格になっていないもののほうがたくさんあります。

例えばかつて私も、業務委託で働く女性たちの管理業務を担当した時期があります。主な対象は地域限定で働く主婦たち。自社で扱うPR誌や雑誌などを担当し、店頭で面出しや棚取りといった陳列をしたり、POPを出したり、時にはキャンペーンなどで販売促進も行うフィールドスタッフです。概《おおむ》ね1万時間没頭して取り組みました。そのおかげで「働く主婦の力を最大限に引き出す業務管理能力」「店頭で商品を流通させ、販売につなげるマーケティング能力」「得意先との利害を調整し、最適な結論に導く交渉力」は身についたと思います。

そしてさらに価値があるのは、時間をかけ集中的に取り組んで養われた専門性をいかに組み合わせていくか、です。

グラッドウェルは、1万時間を通じてひとつの専門性を身につけた後、別の分野で専門性を身につける時間は1万時間よりも短縮されるとも言っています。そうして身につけた**複数の専門性は、これを組み合わせることで、新しい価値を生む**ことができます。

私自身は、美容業界の仕事に携わる直前は、キャリアガイダンスやキャリア開発分野の領域と、先述した販促やマーケティング分野の領域を専門にしてきました。美容領域に異動したのは4年前ですが、かつて働いていた別領域での経験や知識を組み合わせた「美容×キャリア」「美容×人材育成」「美容×マーケティング」などのテーマで講演を行い、美容業界向けの書籍を出版し、業界誌に寄稿もしています。

遮二無二取り組んでひとつの領域でプロになる。領域が変わったときはそこでまたプロになる。そして領域と領域を次々組み合わせていく。私は、ある分野で貴重な人材になるには、専門性を組み合わせるしかないと考えています。

「型」による時短

専門性を身につけるための1万時間。その年月をできるだけ短くするためにも、「型」はとても有効です。一見、「型」を学ぶことは回り道に見えるかもしれませんし、手間も時間もかかることではありますが、先人（先輩）の知恵の集合体を先に習得することで、実は専門性を身につけるまでの時間は短くなります。そして、ひとつの専門性を身につければ、次に新しい分野で新しい専門性を身につけるまでの時間はより短くなるのです。

美容業界では、入社後3〜4年間のアシスタント期間があり、その間は顧客の髪を切らせてもらえないと言いましたが、これは店側にとっては生産性の面で大きな負担になります。だからこそ、徹底して「型」を教え、一日でも早く稼いでもらうための育成法に、各社必死に取り組んでいるのです。

どのような業界にも会社にも職場にも、先人の知恵があり、「型」やマニュアルがあるはずです。そこには最短距離がしるされたマップが埋め込まれている。それを有効活用したいものです。ただし、そのマップを解説してあげることは、先輩・上司である私たちの役目です。そうすることで初めて、単純で無機質なマニュアルも、ぐっと面白く価値のあるものに

郵便はがき

料金受取人払郵便

小石川局承認

1421

差出有効期間
平成27年5月
14日まで

112-8731

東京都文京区音羽二丁目
十二番二十一号

講談社
生活文化局

講談社+α新書係 行

愛読者カード

今度の出版企画の参考にいたしたく存じます。ご記入のうえご投函くださいますようお願いいたします（平成27年5月14日までは切手不要です）。

ご住所　〒□□□-□□□□

お名前《(ふりがな)》

年齢(　　　)歳
性別　1男性　2女性

★最近、お読みになった本をお教えください。

★今後、講談社からの各種案内がご不要の方は、□内に✓をご記入ください。　□不要です

TY 000050-1305

本のタイトルを
お書きください

a　本書をどこでお知りになりましたか。

1 新聞広告(朝、読、毎、日経、産経、他)　2 書店で実物を見て
3 雑誌(雑誌名　　　　　　　　　　　)　4 人にすすめられて
5 DM　6 インターネットで知って
7 その他(　　　　　　　　　　　　　　　　　　　)

b　よく読んでいる新書をお教えください。いくつでも。

1 岩波新書　2 講談社現代新書　3 集英社新書　4 新潮新書
5 ちくま新書　6 中公新書　7 PHP新書　8 文春新書
9 光文社新書　10 その他（新書名　　　　　　　　　　　）

c　ほぼ毎号読んでいる雑誌をお教えください。いくつでも。

d　ほぼ毎日読んでいる新聞をお教えください。いくつでも。

1 朝日　2 読売　3 毎日　4 日経　5 産経
6 その他(新聞名　　　　　　　　　　　　　　　)

e　この新書についてお気づきの点、ご感想などをお教えください。

f　よく読んでいる本のジャンルは？(○をつけてください。複数回答可)

1 生き方／人生論　2 医学／健康／美容　3 料理／園芸
4 生活情報／趣味／娯楽　5 心理学／宗教　6 言葉／語学
7 歴史・地理／人物史　8 ビジネス／経済学　9 事典／辞典
10 社会／ノンフィクション

変わるのです。

マナーの指導は、一番わかりやすい「型」の伝授と言えます。

「小善は大悪なり。自分の字が汚いことをわかっていてキレイに書こうとしないスタッフは、その文章を読む相手のことを気づかっていない。だから口うるさく指導しています」と言った美容院の経営者がいました。

ファッション業界にも近く、華やかで現代的なイメージがある美容業界ですが、古くからの礼節やマナーを非常に大事にする人が多いのもひとつの特徴です。セミナーに講演などで伺うと、毛筆の礼状が届くことがしばしばあると書きましたが、礼儀作法も新人のうちに徹底して指導する経営者が多いのです。

時間を守る、挨拶をする、笑顔で迎える、顧客の姿が見えなくなるまで見送る、正しい敬語を使う、時候の挨拶、気づかい、配慮、ＴＰＯに合った服装……。美容業界は身体接触を伴うサービス業であるため、対人コミュニケーションをしっかり指導します。

まずはマナーの「型」を身につけ、そこから対人対応力を高める。どんな人とも円滑なコミュニケーションを行える技術に進化させていくのです。人付き合いが苦手な新人たちも、徹底したマナー教育から、コミュニケーションの達人になっていきます。

仕事の内容が技術の進化で変化したとしても、普遍的で変化しないもののひとつが、礼節やマナーです。**礼節やマナーなどの普遍的な「型」は、一生使える財産**になります。

短所は生かし欠点は修正する

このような礼儀や作法を指導する際に、とてもわかりやすい言葉で新人を導いている経営者がいました。前述した、熊本のピカイチの経営者です。

彼は育成の観点を「長所・短所・欠点」の3つに分けています。そして、**短所に関しては口をはさまず、欠点だけを注意する**のです。

この方法は、失敗を恐れる「ゆとり世代」に対して、とても有効な方法だと感じました。新人に仕事のミスを指摘すると「人格を否定された」と思って、必要以上に落ち込むという話をよく聞きます。ピカイチの経営者の言葉は「私は、あなたの資質を変えてほしいと言っているのではなく、行動を変えてほしいと言っているのだ」ということを「短所（資質）と欠点（行動）を区別すること」でとてもわかりやすく示しています。

この経営者に限らず、美容業界では**長所進展法を意識的に採用している**組織がとても多く、「長所と短所はワンセットだから、必ず長所側から見る」という言葉も、いくつもの美容院で聞きました。

例えば「慎重で丁寧な人」は、見方を変えると「仕事が遅い」面があります。「ノリのいい人」は、「軽率」な一面があったりします。けれども「軽率」だとばかり注意されたら誰でも嫌になってしまうでしょう。そういうスタッフに対して「ノリの良さ、フットワークの軽さ」という長所の面からしっかり見て褒めるということを重要視している美容院が多いのです。

人には注意されて変えられるものと変えられないものがあります。具体的に変化してほしいのは日々の行動であり、「本人のキャラクター」ではないということを、意識して伝えていくべきでしょう。

例えば、いつも提出物が遅い部下に対して、「どうして提出が遅れるのか、お前のいい加減な性格を直せ」と言ってもしかたありません。具体的な行動を変えるためには、仕事にかかる時間の読みを正すことです。また、なぜ〆切りのルールがあるのか、それに遅れるとどのような影響や迷惑がかかるのか、その重要さを理解させることも必要です。「**いいから、やれ！」では、伝わりません。**

その本人がなぜルールを守れないのか、なぜ変われないのかを問う前に、職場内で管理職やリーダーがルールや目的の意味を解いてやらないと本質的な変化は期待できません。そのためにも、まずは「**性格**」**を指摘するのではなく**「**行動**」**を変えてほしいことを伝え**、なぜ変わってほしいのかの背景をわかりやすく伝えることが大事です。

問題点を分解して伝える

叱ること、注意することについてもう少し考えてみたいと思います。

「ゆとり世代はすぐ心が折れるので、なかなか厳しく指導することができない」という声を聞きます。一方で若い世代にアンケートをとると、たしかに「失敗したくない」「注意されるのが怖い」という声がある。

叱る側にも遠慮があります。「言いすぎると今の子たちはめげてしまうのではないだろうか」「パワハラと指摘されはしないか」、そんな考えが頭をよぎり、強い指導ができなくなってしまう。学校や親だけではなく、近所のおじさんや、時には知らないおばさんにまで叱られてきた私たち世代からしてみれば、最近の新人は叱られることに慣れていないと感じます。

そのような「叱られ慣れしていない」若い世代に対して、問題点を分解して状況を整理し、改善を促すという方法をとっている美容院があります。

まえがきで紹介した、航空業界から役所への出向を経て美容業界に転職した**ユニックス**の社長は「Customer's perception is always right（＝お客さまの認識は常に正しい）」という言葉をクレド（＝行動規範）とし、常日頃からスタッフに伝え続けています。

私が面白いと思ったのは、「Customer is always right（＝お客さまは常に正しい）」ではなく、「perception＝認識」つまり「お客さまがどう感じたか」の部分が大事だと伝えていることです。それぞれの顧客の感じ方に合わせていくことがサービス業であると指導しているのです。

例えば、本人は真面目に働いているつもりだったスタッフに対して、顧客から「不機嫌そうにしているスタッフがいて声をかけにくかった」とクレームがあったとします。この会社では、どんなに真面目に働いていたとしても、やはりスタッフの行動や表情に問題があったと捉えます。そして、どうすればそのスタッフが楽しい雰囲気を出せるのか、ひいては、どうすればこの会社で仕事を楽しめるのかということまで考えていかなくてはいけないというのがこの社長の考え方です。

「顧客が正しくてあなたが悪い」のではなく「顧客の認識は正しくて、そう認識されたあな

たの行動や会社のしくみを修正していこう」と、問題点を分解することで、あなたという人間に対する否定ではないということが捉えやすくなるというのです。

　この場合では、このスタッフが店で立っているときの姿勢や笑顔の作り方、視線の置きどころなどを指導する。店のしくみとしては、待機中のスタッフが立っている場所を検討し直すこともできるでしょう。そしてそもそも、楽しそうに働いている空気感を作るためには実際に楽しい気持ちを生み出す必要があります。スタッフ一人ひとりがモチベーション高く仕事ができる環境を作れているかどうかを管理職が見直すことも、問題解決につながるかもしれません。このように問題点を分解し、行動や会社のしくみを修正していくのです。

　美容師は、常に衆人環視の中で営業をしています。店には鏡も多いので、常にどの角度から誰に見られているかわからない緊張感の中で仕事をしなくてはいけません。最近よくある飲食店でのオープンキッチンの「見られている感」どころの話ではないのです。このような状況で、一瞬の作り笑いや、その場限りを取り繕う行動は顧客に通用しません。だからこそ、失敗に対してた**だ反省をしたり謝ったりするだけではなく、改善をしていかなければいけない**という意識が強く働きます。

失敗をした人に対して悪意を持っても、事態は改善しません。変えられることは、その人の行動だけ。これは、美容業界ならずとも共通しています。人に失敗の原因を求めてしまうクセがつくと、常に相手のせいだ、誰かのせいだという発想になりがちです。

今日の商談はなぜうまくいかなかったのかということを分析して改善していく。例えば身だしなみは問題なかっただろうか。プレゼン中の間の取り方はどうだっただろうか。相手の聞きたいことを本当に理解して伝えていただろうか。自分の言いたいことだけを主張していなかっただろうかなどと点検する機会を持つこと。他責にしない態度は、こういう日常から積み上がっていくものです。

この姿勢を若いうちから身につけさせるためにも、特に新人には、先ほどの「長所・短所・欠点」と同じように、正すべきポイントを分解してわかりやすく伝えることが、より深い理解と根本解決への近道と言えます。

失敗でつまずかせない

一方で、失敗を恐れる新人に対して、具体的に「つまずかせない」教育研修を取り入れている美容院もあります。

大阪で10店舗を経営する**マッシュ**という美容院の経営者に面白い話を聞きました。ここは関西の美容学生にとても人気で「就職したい憧れサロン」としてよく取り上げられる美容院です。その人気の理由のひとつに、教育研修の充実があります。

特徴は、入社年次ごとに共通のテーマで課題解決する研修が用意されていることです。社員1年生には1年生なりの、2年生には2年生なりの、共通した「つまずきポイント」があるからです。

夢と希望と不安を持って入ってきた新人にも、2〜3ヵ月したら現実が見えてきます。自分のイメージにあった美容師像と現実とのギャップを感じるのがこの時期。夏になって、もう少し慣れてくると同期と自分を比べはじめ、12月くらいになってくると初心を完全に忘れて人との差を嘆いたりする。そこで、それぞれの時期の共通の課題に対して研修システムが作られているのです。

「社会人としての自立」をテーマにして自ら勉強をする姿勢を身につける時期、「物事を直視する力を養う」ことをテーマにしてあえて難しい課題に直面させる時期、「初心を思い出す」ためにもう一度目標設定をする時期など、継続感のある研修です。

一連の研修によって、**新人を「大きくつまずかせない」こと**、そして、想定される壁を先に経験させることで「**失敗への恐れをとりのぞかせる**」**こと**にも成功しています。

大きくつまずいてしまうと立ち直りには時間も手間もかかります。軽くつまずく程度で済むように予《あらかじ》め起こりそうな問題に備える。らせん階段をのぼるようなイメージから、この美容院ではこれらの研修を「スパイラル研修」と名付けています。

新人から入社3年目くらいまでの「つまずきポイント」は、どの組織でも共通するものが多くあるのではないでしょうか。例えば1年目の新人の場合、今まで先輩の後について2人一組でまわっていた時期が終わり、仕事を任される時期がつまずきポイントになりえます。ちょうど、仕事を任されるようになってきた秋冬に、一人で営業に出なくてはいけない。ほったらかしにされることが苦手な「ゆとり世代」を、この時期に**放置しておくと、一人で問題を抱えてしまう**ケースがあります。

次の年度の新人が入ってくる2年目の春も同様です。一人前ではないものの、半人前として認められ、細かいことを言われなくなるのが2年目です。この時期に、構ってくれる人がいないことに対する耐性が、今の「ゆとり世代」にはあまりありません。

このような「つまずきポイント」を想定して、面談を設けたり、組織に問題点がないか振り返る時間を作ることは、個人の育成のメソッドとしてだけではなく、組織の課題をとらえることにもつながります。これを継続することで、組織コンディションが年々改善していくという二重の効果もあるのです。

家族的な関わりで構いまくる

「心が折れやすい」と言われる若い世代に対して、このような細やかな伴走をしていく姿勢は、美容業界の教育法の随所にあらわれます。

都内の表参道と銀座を中心に5店舗、また埼玉県と三重県にもファミリーサロンを持つ**アピッシュ**には、新入社員に対して先輩が兄、姉役になり、密な関係を作っていく「シスター制度」があります。年齢が近いスタッフが常に細やかに気配り、目配りをすることは、やはり「大きくつまずかせない」ためのしくみづくりです。

例えば「同期に比べて技術レッスンの進みが遅い。自分は不器用で美容師に向いていないのではないか」などという悩みにも、ブラザー・シスターにあたる先輩が親身になって相談に乗ります。

同じ経験をした先輩から見れば、数日や1週間程度のレッスンの遅れは些細なことでも、新人にとっては深刻な悩みです。「自分もこの技術では苦労したけれど、その分たくさんレッスンできて今では一番得意な技術になったよ」などとアドバイスしてあげることで、安心できる新人も多いのです。

ただし、年齢の近いスタッフが面倒を見ると、親身に相談に乗れる一方で、自分たちだけでは解決できない問題も出てきます。相談に乗っている先輩が暗い気持ちになって共倒れしてしまう危険性もあります。そんなときには、相談されたブラザー・シスターが、さらにキャリアを積んだベテランの美容師に相談する。ベテラン美容師は、一段上のステージからアドバイスをします。

例えば「結婚をした後に、どのようなワークライフバランスで働けばいいのか。出産してからどのように時間をやりくりすれば無理なく仕事を続けられるのか」などの悩みには、ベテランの美容師が相談に乗ります。この美容院のママ美容師たちは、職場でも母親役のような存在です。大家族のような雰囲気を、100人を超える組織の中で形成しています。

家族的な距離感で新人を迎える姿勢は採用の場面でも見られます。アピッシュでは、学生向けの自社の会社説明会を「全員面接会」と呼び、スタッフ約150名が総出でこれに参加します。

10名ほどの採用枠に学生は全国から数百人集まります。自分たちが学生を選ぶだけの一方通行の選抜ではなく、学生にもスタッフ全員を見てもらい、本当にこの会社を志望してよいか判断してもらおうという考えに基づくものです。

この美容院は、雑誌やテレビでもよく取り上げられる人気店ですが「カリスマ美容師集団」という言葉からイメージをするようなクールで競争的な雰囲気ではなく、とてもアットホームな空気を感じます。

面接で落ちた学生には、「自社のために時間を割いてくれてありがとう」という気持ちをこめて、不採用通知に手書きの手紙を添えています。この手紙には「うちでの採用はかなわなかったけれど、同じ美容を志すものとして、これからも是非頑張ってほしい」というエールもこめられています。今回の就活の失敗がもとで、美容業界への就職をあきらめてほしくないという想いもあるのです。

スタッフ同士の仲の良さや居心地のよさを、会社選びの基準に考える若者が増えたと言われています。少子化で美容師もなり手が減っている近年ですが、この美容院への就職希望者はますます増えています。

学生時代に、一人ひとりの個性を重視するゆとり教育で、手をかけて育てられた世代だからこそ、このような**アットホーム感、常に気にかけてもらえる安心感のある組織に人気が集まる**のも頷けます。この傾向は美容業界のみならず、どの業界でも同様です。

ちなみに、この美容院の経営者の口癖は、「目は口ほどにモノを言わない」です。どれだけ便利な通信手段が増えても、お互いに会って、目を見て、その上できちんと考えを口にして話し合うこと以上に密なコミュニケーションはないという意味。

スタッフとの連絡はスピードを優先してＬＩＮＥでグループ分けして行っていますが、それとは別に、営業後に時間を設け、グループごとに膝と膝を突き合わせてするミーティングを頻繁に行っています。

メールの報告だけでは読み取れない気持ちの浮き沈みも、表情や会話のトーンから読み取れる。日常の何気ないやりとり、職場の無駄話から仕事への気づきやちょっとした日々のつまずきの打開策が見つかることも多いものです。

居心地のよさは、就労条件だけではなく、職場でのコミュニケーションの総量、励ましの有り無し、向かい合ってくれる人の存在が作り出していきます。

ランチタイムの余った時間にバレーボールなどという光景は見かけなくなりましたが、職場やビル内の複数の会社が集まる部活動などが実は増えています。六本木ヒルズにも、会社を超えたサークル活動がたくさんあると聞きました。密なコミュニケーション、人としてのふれあいからの気づきが、今、若い世代への教育に求められているのです。

このようなことを書いていると、「ゆとり世代」には何でも手取り足取り教えていかなくてはいけないのかとうんざりする方もいるかもしれません。しかし、このように細やかなフォローをしたうえで、次のステップに進ませるほうが、結果的に新人は早く一人前に育ちます。

次のステップでは、「稼ぐことの意味」をしっかりと教えます。

お金を稼ぐ意味、知ってる？

若い世代と話をしていて、明らかに感覚が変わったと感じるのは、お金や出世に関する価値観です。

デートでも割り勘が当たり前、車は所有せずに借りればいい、同期と競争したくない、昇進しなくてもいいから長く会社で働きたい、お金持ちになりたいわけじゃない、というような感覚は、バブル時代を過ごした私たちの世代とは明らかに違います。

背伸びしてかっこいい車に乗り、見栄をはってデートで奢《おご》り、早く昇進し、チャンスがあれば転職したり独立したりしてもっと稼ぎたいという私たち世代の感覚とはずいぶんギャップがある。今では私たちの感覚のほうがちょっと恥ずかしいと思うことも多々あります。

社会貢献という意識が強くなって、ＮＰＯやボランティアなどにとても強い関心を持っているのも、今の若い世代の特徴です。社会課題が大きくなり、それらに対して問題意識を持って行動することはとても大事なことだと思います。そして、彼らがこのような時代背景の中で、**社会貢献意識を高めている世代であると認識する**ことは、実は私たち世代にとっても重要です。

一方、目の前の仕事に迷いなく取り組む、同僚と競ってがむしゃらにやる、明るく無理難題に取り組むということは私たちの世代に分があります。

もし、組織の中でやるべき仕事に対して気持ちが乗り切れない若手が、「稼ぐことは悪だ。競争することはみっともない」という考えを持っているとしたら。あるいはそこまでの考えはないとしても、自社の商品やサービスを自信を持って案内できない、これ以上の営業は申し訳ないといった気持ちから仕事を押し進めることをためらっている新人がいるならば、売り上げをあげることの意味を実感として納得できるように伝える必要があります。そのうえで、事を成すためにはがむしゃらになる時期も必要なのだということを、染み入るように伝えなければいけないのです。

前述のピカイチの経営者は「**売り上げは、お客さまの拍手の数**」という言葉でスタッフに稼ぐことの意味を伝えていました。まさに「稼げる」ということは顧客に「感謝されている」ということです。

また「経済のない道徳は寝言、道徳のない経済は罪悪って言葉を知ってる?」「お金は感動が姿を変えたもので、汚いものではない」などと、わかりやすい言葉で、新人に、**稼げる人間になることは社会に貢献できるということ**なのだと、繰り返し伝えています。

ひるがえって私たちは、新人に対して売り上げをあげることの意義をどのような言葉で伝えてきたでしょうか。どの業界でも仕事が高度化し細分化していくと、自社の商品やサービスがエンドユーザーにどのように使われ、どのようなシーンで活用されているのか、その実感が持ちにくくなりがちです。それだけに、これまで以上にサービスや商品を使っている顧客の声をつかみ、共有していくことに配慮する必要があります。

自分たちの商品に対するユーザーの声は、特に働きはじめたばかりの新人にとっては、自分の仕事の意味を理解する大切な手がかりなのです。

今の若者は、小さなことであっても**自分たちの仕事が誰かの役に立っているということにとても強く反応**します。そして、それが行動していくための大きなモチベーションにもなっている。個人向けの商品やサービスでも企業向けの商品やサービスでも、関わる相手先の声が聞こえる、誰かが喜んでくれることは仕事を進める強い推進力になります。

自社の問い合わせ窓口にきた電話やメールの内容、アンケートの結果、販売店で起きた顧客とのトラブルの報告書など、VOC（Voice of Customer＝顧客の声）を全社に発信していくのは、とても有効です。

ただ、VOCからクレームだけを吸い上げ、トラブルの再発防止対策にとどまって活用しているケースが多いようですが、VOCにはもっと多くの共有すべき情報があります。

商品やサービス購入の決め手や、どのようなシーンでその商品やサービスが使われているのか、どのように役立ったのかというような顧客の声を具体的に知ることは、直接顧客と触れる機会が少ない部門の人や新人にとっても大きな励みになります

商品の改善やマーケティングのためのVOC活用ではなく、新人のモチベーションを高めるためのVOC活用。そこから感じる自分たちの仕事の意義。それを社会人になったばかりの若い世代にも共有させておくことは、その後の仕事に対する考え方を形成するうえでとても重要なことだと思います。

最近では、顧客のクチコミを社内で共有する会社も増えています。クチコミもインターネットで集まるようになり、これまで入らなかった顧客の声が多く集まってくるようになりました。

アンケートもフリーコメントが重要です。定量的な評価ポイントから感じ取れるのは、自社の認識と顧客の認識のギャップだけですが、生の声からは、強烈な刺激や反省、喜びを感じることができます。

こうした顧客の声はドキドキしますが定期的に見たいものです。たった1人の辛辣《しんらつ》な声で落ちこむこともあれば、素敵な励ましで次はこうしようと頑張る気持ちになることもあるで

しょう。いずれにしてもそこから、エンドユーザーの顔を意識し、こう使ってほしいという気持ちは育っていくのです。

ユーザーの視点を意識できると「自ら動く」態度が作られていきます。仕事が本当に我がことになったとき、「ゆとり世代」の「待ち」の姿勢も変わっていくことでしょう。

お客さまに商品を勧める理由

先ほど紹介した、大阪のマッシュでの話です。

ここのスタッフはとても「お客さま想い」です。私も客として利用したことがありますが、スタッフ全員が顧客目線で親身になって接客をしている様子がわかります。

以前、この美容院のミッションは「一人でも多くのお客様を徹底的に美しくしてさしあげる。魅力的になっていただき、心を豊かにします」というものでした。スタッフはそのミッションに忠実に、来店した顧客を気持ち良く、豊かにして帰すということに尽力していました。

ところが、問題が生じました。

そのホスピタリティが高じて「できるだけお客さまにお金を使わせたくない。ドラッグストアに数百円で買えるシャンプーがあるのに、プロ仕様の1本3000円のシャンプーを使ったほうがいいとはお勧めできない」というマインドになってしまうスタッフが出てきたのです。

クレドやミッションが深く浸透するとともに曲解され、サービスや商品よりも顧客都合で極端にものを考えてしまう。これを修正するのはひと苦労です。顧客に対するおもてなしを極めた結果「商品を売ることができない」と考えてしまったスタッフたち。そのことに気づいた経営者がしたことは、ミッションの見直しでした。

現在、この美容院のホームページには、このように書かれています。「マッシュの使命は、一人でも多くのお客様に常に美しく魅力的になっていただき、より豊かな日常を過ごして頂くことです」。

以前との違いは「常に」と「日常」という2つの言葉が入ったこと、たったそれだけです。それだけで顧客にとって大事なのは美容院の中で過ごすその瞬間だけではなく「日常」だということをスタッフのために再定義したのです。

美容サロンで過ごす時間、すなわち来店時だけの美しさを考えるのではなく、来店しない自宅での時間の美しさもケアすると宣言したことで、プロ仕様の商品を売る意味が見いだされました。こうして、それまで販売に力の入らなかった商品を通して、非来店時間にも責任を持つのだ、モノを売ることが顧客のためになるのだという意識が自然に定着し、商品の売り上げも増加したのです。

このように顧客にサービスを提供している瞬間、あるいは商品を販売した瞬間だけでなく、顧客が商品を使っている期間やサービス（この場合ではヘアスタイルやヘアケア）の有効期間までもが、提供者の責任なのだ、という考えは商いとしての可能性を大きく拡げることになります。そして、商品やサービスが自分の手を離れた後にも責任を持つという意識は、顧客の満足度を一気に高める可能性もあります。

例えば、雑誌を作っている人は、その雑誌が手にとられて買われる瞬間のことだけを考えて作るのではなく、読み終わった後に、雑誌に載っていた情報によってその人の人生が豊かになることを願って作る。例えば、スーパーに並ぶ食品を作っている人は、その購買の瞬間だけではなく、購入者がその食品によって健康な体を作っていく時間までイメージすることが大事でしょう。

美容院のケースで考えると、次回来店までの髪型に対して責任を持とうとすれば、顧客が普段どれくらいの時間をかけ、どのような道具で髪をセットするかを知ったうえで髪型を提案する必要があります。また、質のいい髪を保つためのヘアケアのアドバイスも必須になります。自宅での生活を想像した扱いやすいヘアスタイルの提案は、365日のうちほとんどの日に自分でセットする顧客の満足度を大きくあげる要因になるのです。

この美容院では現在「一瞬の美と日常の美の継続」というのが、スタッフの合い言葉になっています。

さらに、ミッションの変更以降は、「お客さまの日常も、自分たちで責任を持ちたい」と、オリジナルのシャンプー開発が進むまでになったそうです。これはまさに、「**顧客からお金をもらう意義**」**について、わかりやすい言葉でスタッフを導いた**例と言えるでしょう。

私たちの周りにも「顧客を思うあまり、商品を勧められない」という若い営業部員はいないでしょうか。商品や技術を売ることの本質的な意義をわからないままで、新人を育てることはできません。

今の仕事が社会の課題解決にどうつながるのか、顧客にどんなドラマがあるのか、自社の商品やサービスがどのように役立っているのかを、私たち自身が見直し、新人にわかりやすい言葉で伝えていかなければならないのです。

「生きる力」を育む

個性を伸ばし、活かす。組織の中でそれは簡単なことではありません。個性が強まりとんがってしまうにつれ、扱いにくくなるし理解できなくなる。人は自分の理解できないことについてはなかなか認めることができないものです。

私たちが若い世代を、この本のテーマでもある「ゆとり、さとり、やどり」といったキーワードで括《くく》ってしまうのも、理解できないものをなんとか理解したいから、です。

美容業界が育てている人材は、個性が半端ではありません。個性化しなければ認められない業界ということもありますし、業界に入ってくる人自体が、若いうちから枠に収まりきれない人が多かったということもあるでしょう。

チームで業績をあげていく仕事ですからルールも大切にしますが、イエスマンで顔の見えにくい人材ではなく、ごつごつとした部分を壊さず、とんがった人間を育成していこうとしています。

１９９６年に、中央教育審議会が「21世紀を展望した我が国の教育の在り方について」の中で、以下のように答申しています。少し長くなりますが、抜粋します。

〈我々はこれからの子供たちに必要となるのは、いかに社会が変化しようと、自分で課題を見つけ、自ら学び、自ら考え、主体的に判断し、行動し、よりよく問題を解決する資質や能力であり、また、自らを律しつつ、他人とともに協調し、他人を思いやる心や感動する心など、豊かな人間性であると考えた。たくましく生きるための健康や体力が不可欠であることは言うまでもない。我々は、こうした資質や能力を、変化の激しいこれからの社会を「生きる力」と称することとし、これらをバランスよくはぐくんでいくことが重要であると考えた。〉

これはまさに、美容業界が重要視している教育法、そのものです。**変化の激しいこれからの社会を「生きる力」を育てている**のが、美容業界なのです。

十人十色で伸びる

美容業界は「型」をしっかり教える一方で、十人十色の個別教育が強く意識されています。美容師は自分の個性を開花させなければ大成しない仕事だからです。もちろん職場によっては個性を活かしにくい仕事もあるでしょう。ただ、今の新人は学生時代に「何をやりたいか考えなさい」「個性を大切にしなさい」と教えられてきています。

新人のモチベーションを高めるためにも、個性を埋没させずこれを活かす職場教育は、これからどの業種でも強く意識しなくてはならない課題です。

「教育とは、その子が立っている場所から向かいたい場所までの道筋。一方的にゴールを決めて情報を押し付けてもスタッフは伸びない」と話してくれた経営者がいます。埼玉県とフランスで4店舗、**アトリエ ファゴ**という美容院を経営しています。

彼はスタッフ1人に対して約4時間。みっちりと話を聞くミーティングを行う、個別指導を大切にしています。

そのときに聞くことは「今、何に困っている？　これから何をしたい？」という質問。そうすると、彼らが今まさに困っていることと、これから向かいたい目標が出てきます。

例えば「カット技術に悩んでいる。もう少し練習時間を増やしたい」という具体的な課題もあれば、「40歳になったときの自分の将来像が見えない。もう少し先をイメージしながらキャリアを積み上げたい」という希望もあり、その答えはスタッフの数だけバリエーションに富んでいます。経営者は「今までスタッフのために良かれと思って用意してきた技術レッスンやマニュアルが、一人ひとりの課題解決や成長に直結していなかった」ことに気づいたと言います。

そして、その後に出てきたのが、先ほどの「**教育とは、その子が立っている場所から向かいたい場所までの道筋**」という言葉でした。

この言葉には、「ゆとり世代」と呼ばれる新人の教育をするうえで、とても大事なヒントがつまっていると感じます。

組織の中での役割や社会人としての基礎は集合型の研修で習得させることが多いでしょう。そしてその後、職場の中の上司や先輩がＯＪＴ（On the Job Training＝実際の仕事を通じて行う人材育成）型指導でカバーしていたのが私たち世代のやり方です。多くの市場が右肩上がりで「やらせてみて、失敗や成功から学ぶ」という余裕があった時代でした。いろいろと試し打ちしながら、本人も「ああこれは自分には向いてないな」とか「これは他の奴より上手くできるな」とか、自分にとって心地よいものや苦手なこと、要は適性をやりながら見極めていけたのです。

けれども今は、そのような指導ができる余裕のある職場は数少なくなっています。

商機そのものが限られているのですから試し打ちはなかなかできません。だからこそ新人には、アトリエ　ファゴで導入されているような定期的な面談で「どうなんだ、お前は仕事の中でやりたいことができているのか？　どうしたいんだ？」と、**ありたい姿と現実のギャップ、そして期待を個々に確認していく**ことが大事になってくるのです。

今の40代、50代は、横並びヨーイドンで1番2番3番、と順位を決められながら勉強してきました。1番が優れているという一律的な価値観が否応なく根づいている世代です。

しかし、現在の若者は、**1番もいいけれど2番だって3番だっていいよね、ということが許される**「個を尊重する」教育を受けて育ってきています。「自分らしくありたい」「自分に合った仕事がしたい」「自分にしかできないことをやりたい」などの感覚をとても大事にしているのです。

今の新人たちには、個々の伸びしろと開花させたい個性を大事にし、十人十色、それぞれの道筋をつける指導が必要になっています。もちろん前述したように、個々の道筋をつけるためにも、社会人として必要な原理原則の「型」は、しっかり身につけさせる必要もありますが。

第二章　「ゆとり」に自信をつける

持ち運びできる力が本当の力

前章の終わりに話した十人十色の道筋づくりが重要な理由はもうひとつあります。

先ほどのアトリエ ファゴの経営者の言葉に「こちらが用意したレッスンやマニュアルだけでは、個々の成長につながりにくい」とありました。つまり、自らその内容をモノにしていく意識や気づきがなければ、変化の激しい時代に生き残っていく力が身につかないということなのです。

人生100年の時代になり、75歳くらいまではどうやら働かなければいけなくなってきました。さすがに終身雇用やキャリアの継続性がひとつの会社の中だけでは担保されなくなっています。

50年働くことを考えなければいけない人生では、ほとんどの人が二度、三度と仕事や職場を変わることになります。そのときに使える力は「**持ち運びできる力**」です。

社会で一定の基準が定められている資格の他には、自ら気づき自らがルール化したことしか、持ち運びはできません。別の職場で前職での経験を活かそうと思ったとき、私たちはどれだけのスキルや知識を運んでいけるでしょうか。

例えば会社や組織固有の職場ルールは、職場が替わってしまえばそれまでのものです。いつまでも以前の職場ルールにしがみついていれば、使えない人、みっともない人になってしまいます。

その一方で、自分で気づき、自分で築いたルールはどんな職場や環境でもすぐに実践できます。良い自分ルールをたくさん持っている人は適応力も高いし、新しい職場でも影響力が強く即戦力になることができます。

千葉県に3店舗、海外にも1店舗を構える**ファブリレイション**という美容院の経営者がこのような話をしてくれました。「これからの美容師に何が必要になるかというと、お客さまの心を見抜くこと。マニュアルを100万通り作ることはできないから、自分でその都度決裁する必要がある」

この言葉はとても重要なことを伝えています。

確かにマニュアルによって、いつでもどこでも同じ基準のサービス、商品を提供することはできます。しかし一方で、そのマニュアルを運用するのは、機械やロボットではなく「人」。

「おはようございます」「ありがとうございました」という言葉は、態度や、表情、声のトーンで大きく印象が異なるものです。「ありがとうございました」の達人の技は、マニュアルにはしにくいのです。

自ら気づき、動くことができる人の育成は、どの職場でも大きな課題。人が変わる瞬間を考えてみてもそのことはわかります。
強く説教されて変わるということもあるかもしれませんが、大抵は本当の意味で自分自身がその問題に向かい合って納得できたときでないと、人は変化することはできません。

かつて私の同僚に、自分は有能なコンサルタントであると自負して営業する入社4年目の女性部員がいました。しかし、彼女が案内する商品はまったく売れません。それもそのはずです。顧客は40～50代の課長か部長。名刺に刷られた「コンサルタント」の肩書にうぬぼれて「私が最新の情報を教えてあげるわ」と上から目線で語る小娘の話を、まともに聞く気にはならないでしょう。
あるとき彼女は、顧客から激しく叱られます。「お前は何もわかっていない。俺たちの会社のことも、俺たちの会社の営業の苦労も辛さも何も知らない。現場をわかっていない奴が、偉そうに営業するな」と。

彼女がここで気づいたのは、自分の仕事は知識をひけらかして商品を案内することではなく、相手が困っていることに応えることなんだという、ただそれだけのことでした。しかし、そのことに彼女自身が気づいたことが重要なポイントです。

それまでまったく売り上げを作れなかった彼女は、その後多くの部署で表彰されるトップ営業ウーマンとして今も活躍を続けています。

前述のサロン経営者は、自ら気づく力をつける重要性について、こんなたとえ話をしてくれました。

「お客さまをお迎えするときに、誰もが『いらっしゃいませ』と言うと思います。そのとき単に『いらっしゃいませ』と言うのではなく、お客さまがお見えになったのに気づいて『あっ！ いらっしゃいませ！』と言ったとします。来てくれて嬉しい気持ちが『あっ！』に表れるわけですよね」。そして「マニュアルではなく、この気持ちを素直に表現できる美容師を育成することが、今はとても重要だ」とも続けました。

確かに、マニュアルをいくら作っても「あっ！」という言葉は出てこないでしょう。このように素直な喜びの気持ちを表すことが、相手にとっても嬉しいということに自分で気づく。気づくからこそ、この行動は「持ち運び」ができる自分ルールになります。

この「あっ！」が言えるのには、人に対する関心、興味、取引先の成功を考え続けようとする姿勢、そしてその気持ちをそのまま表していく素直さを感じます。

街で取引先の人と会ったときに、「あっ！　○○部長！」と声をかけられる人は魅力的です。そして、この「あっ！」が言えるようになるためには職場での指導や育成が必要です。


たかが「あっ！」という一言ですが、「取引先の立場に立って考え、自分の都合や仕事のことだけでなく、相手の立場で徹底的にその人のことを考える習慣」と言えば、これは持ち運びできる「力」になります。売れなかった営業ウーマンが怒られて気づいたことと、「あっ！」と言える「力」は共通しています。


言われて動くことが大事だった私たちの世代よりも、より自律的に仕事を考えていかなければいけないいであろう、今の新人たちのこれからの仕事人生。いくつもの職場を経験していくうえで、この持ち運びのできる力は一生使える宝物です。

「ゆとり世代」のエンジンを加速するきっかけにもなるこの宝物を、育成する側の私たちもともに見つけていくことは、お互いに自分たちの仕事を真剣に考えていくことにもつながるはずです。

実践の機会を作る

前述しましたが、現在はどの分野でも商機が限られてしまってＯＪＴが機能しにくくなっています。

以前は集合型の研修をし、ある程度の基礎を学ばせたら、あとは思いきって本人に任せ、実践を積ませることができたのです。今の40～50代には、職場で教えてもらえないことも、飛びこんだ先の社長に教えてもらったり、顧客から教えられて成長できたという経験をしている人も多いでしょう。その頃は実は上司にだって教える暇もなかったし、少々失敗してもまだまだチャンスがあるという余裕が組織にもあったのです。

私自身を振り返っても、お客さまから教えてもらった生きた言葉や作法、考え方が大きな財産になって今も自分の中に根付いています。

しかし、今の若手には実践の機会そのものが限られてしまっています。競合も増えて商売のチャンス自体がそもそも少ない、細切れの仕事が増えてしまった、上もつかえて適当な場面が巡ってこない、やっときた商機だけに失敗できないから無難にいこう……。そうなると、昔であれば若手に任せていた仕事にも上の世代が口を出すことになる。

こうして新人に残っているのは、言葉は悪いですが「余りモノ」の経験です。それではなかなか生きた経験にはなりません。

私たちの世代がその上の世代から任せてもらったほどには、今、実践を経験させるのは難しいとしても、**現在のOJT自体が、私たちが経験したOJTとは様変わりしているという**ことは自覚しなくてはいけないと感じます。そのうえで、ロールプレイングをしたり、内部の人間が個々に寄り添って課題を一緒に見つけていくフォローをしていく必要性があるからです。

本番へのシミュレーション教育

OJTの機会が減っているのは、実は美容業界も同じです。国内市場は需要を供給が上回るオーバーストア状態と言われて久しく、美容師1人あたりの女性顧客数は約100人。競合環境は熾烈《しれつ》です。**厳しい競争の中で、生き残りをかけてしのぎを削っている。**できれば経験豊富なベテランに多くの顧客を担当させ、一人も失客したくないというのが、美容院の本音です。

しかし、新人や若手スタッフを顧客につけず、安定したベテランスタッフだけで担当していく方法をとった瞬間、その美容院に5年後、10年後の未来はありません。

たとえ顧客が離れてしまう可能性があったとしても、未来のために若手には経験の場を与えなくてはいけないのです。美容院の経営者たちが、「美容業界は教育産業」と言い、次々と若手を育てていかなくてはならない理由はここにもあります。

では、美容業界で成功している経営者は、どのように若いスタッフに顧客を割りあて、どのようにリピートにつなげていっているのでしょうか。

そこには徹底した**「本番へのシミュレーション教育」**があります。

例えば、前述したスニップスでは、新人教育の時点から、顧客分析と対応法を徹底して教え込んでいます。

まず、顧客を、見た目や年齢、好みの方向性から、いくつかのジャンルに分類します。それぞれの顧客がどのような会話を好むのか、どのようなデザインを好むのかを分析したうえで、そのことを意識しながら、ジャンルごとに必要な技術のレッスンをするのです。

経営者曰く「新人は女性をほぼ分類できていない。せいぜい若い子とおばさんくらいの2

つのカテゴリーになってしまっている。でも本来は20代、30代、40代、50代、みんな違う。同じ20代だとしてもそれぞれみんな違うんだということから教えていく」。その土台づくりを、組織としてしっかり研修していきます。

さらにスタイリストとしてデビューする時期には、リピーターになりやすい顧客層向けのレッスンを多くし、その層に対して必要な技術と対応のレッスンをしっかりします。リピートを増やし、その顧客と一緒に成長していくようなイメージを実践していくのです。

例えば流行に敏感で、ヘアスタイルはファッションの一部と考えるような女性は、若いスタイリストに担当されることに抵抗が薄いものです。デビュー時期にはこのような顧客をメインターゲットとします。ファッションに対して関心の高い顧客なので、トレンドを取り入れたデザインを作るための技術をおさらいするのです。また、そのようなタイプの女性が好む雑誌や話題を確認します。商品を薦めるときも流行に敏感な女性の心をくすぐる「一番人気」などの言葉を意識的に使おうなどとシミュレーションします。

この経営者は現在でも自身が美容師として活躍されていますが、営業中にも若手には「あのお客さまはこのタイプだから、元気にてきぱきやっておいで」「あのお客さまはこちらのタイプだから、少しロジカルに話したほうがいいよ」と声をかけて送り出しています。女性のタイプ分析を知識だけで終わらせるのではなく、日々活用させていくことで、実践で使える力にしていきます。

スニップスだけでなく、顧客分析を元にしたカウンセリングやヘアデザイン提案の訓練は、人気店の多くで教育カリキュラムに組み込まれています。

本番をシミュレーションするレッスンの繰り返しでリピート率や成約率をあげていく方法は、業界を問わず、限られた顧客に向かってアプローチをしなくてはいけないこれからの時代の教育法として、とても理にかなっています。

昨今、多くのサービス業では接客実務のレベルを競うコンテストが盛んです。普段は競合となる店が集い、接客力や技術を競い合うのです。

エステティックグランプリ、居酒屋甲子園、ベストビューティコーディネーターアワード、ネイルグランプリ、会計事務所甲子園、パチンコ情熱リーグ、S1サーバーグランプリ……。これらはいずれも互いに「本番で使える」技術や接客のレベルを高め共有する場となっています。

一社一社の規模が小さく、教育研修の専門部署がない会社も、このようなコンテストに参加することで、顧客対応のバリエーションを知ることができます。本番へのシミュレーション教育は、これからますます重要になるでしょう。

「ロープレ」の有効活用

東京駅の丸の内南口、旧東京中央郵便局をリニューアルした商業施設「ＫＩＴＴＥ」への出店も話題になったトータルビューティサロンの**ウカ**でも、この本番へのシミュレーション教育が徹底されていました。

ウカ丸の内ＫＩＴＴＥ店のコンセプトは「A or B because A」。つまり、顧客のライフスタイルや悩み、生活背景などを聞いたときにAとBの2つのメニューや商品を提示する。そして、そのうえでよりオススメなAをしっかり理由を説明して提案するというコンセプトです。

ウカでは、このコンセプトを実現するために、顧客理解のセオリーと商品知識を身につけ、この店の開業前に、カウンセリングで「A or B because A」の提案ができるような話法をロールプレイングで徹底教育しました。

例えば、40代、スーツ姿で来店したキャリアウーマンへのヘアデザインの提案であれば、「お客さまには、個性的に見えるショートヘア（A）か（or）、もしくは知的なイメージに見える前下がりのボブ（B）をオススメします。中でも、私のオススメはショートヘアです。なぜなら、お客さまの髪はクセが強いので、毎日ブローに時間がかかるボブよりもクセを生かしたショートスタイルのほうが、忙しい朝の時間が短縮できるからです」というような話し方をマスターするのです。

この話し方ができるようになるためには、まず顧客分析力が必要です。それは相手の職業やファッション、ライフスタイルから、どのようなデザインを求めているかを想像する力です。そしてさらに、顧客の髪質の見極めや顔型に似合わせるカットの知識も必要です。

シンプルでわかりやすいアドバイスの裏には、幾通りもの可能性を一瞬で思い浮かべられるスキルと知識が必要なのです。こうして、いろいろな可能性の中から2つを選び「A or B because A」の文法で提案ができるように、何度もロールプレイングを繰り返します。

丸の内はビジネスパーソンが多い街です。ウカ丸の内KITTE店には、これまで良いサービスをたくさん受けてきた、要望水準の高いキャリアウーマンの来店が見込まれていました。しかし、ロールプレイングを重ねることで、若いスタッフでも目の肥えた顧客に対して自信を持って接客ができるようになったのです。

このように、ロールプレイングを取り入れている美容院はたくさんあります。もうひとつ例を紹介しましょう。東京と埼玉に31店舗を展開する**ブロッサム**という美容院の例です。

美容院の激戦区、大宮にあるブロッサム大宮西口店では、3年前の出店から毎日、ロールプレイングを繰り返してきました。

例えば待ち合いに通すまでの1分間でも、顧客を迎え入れるときのドアを開ける角度、どのタイミングで挨拶をされたら気持ち良いか、挨拶の声のトーンはどれくらいが良いか、笑顔を見せるタイミングは挨拶の前と後ではどれくらい印象が違うか。受付でどのようにコートとバッグを預かると安心感があるか、待ち合い席での会話は屈んだほうが良いか、立ったままのほうが良いか……。

たった1分の間にもたくさんのチェックポイントがあり、いろいろな接客の可能性があります。全員で順番にロールプレイングし、別のスタッフが行った行動で良いものはどんどん自分に取り入れます。

今日は受付、今日はカウンセリング、今日はシャンプー台への案内と、日によって場所やシーンや人を替えてロールプレイングを繰り返し、より良い接客法にアップデートしていくことで、アシスタントからベテランまで高いクオリティの接客をすることができています。
　この美容院では、今では顧客が外を通るたびに美容院をのぞいて声をかけてくれる、アシスタントの誕生日にプレゼントを持ってきてくれるなど、スタッフと顧客の間に強い信頼関係が生まれつつあります。

　私の職場でも、ロープレ（ロールプレイング）はさかんに行われています。あちこちのデスクで「あ、いま、ロープレ中だな」と思うような光景が日常的に繰り広げられています。
　新しい商品が入ればロープレ、新しい取引先に行く前にロープレ。部署ごとにロープレ大会なども頻繁に行っています。この大会では、自分がロープレをするだけではなく、仲間のロープレを見てものすごい勢いでメモをとっている若手もよく目にします。

　ロールプレイングは本番のシミュレーション。照れずに人目を気にせず堂々と行うことと、実際の本番前に行うことがポイントです。設定のないロールプレイングは意味がありません。具体的な商品の特色、売りのポイント、想定顧客、クロージングやゴールを定めて行うことで効果を発揮します。

ロールプレイングを頻繁に行い、実践での成功体験へつなげるサイクルを持っていること

は、美容業界で新人が速く一人前に育つ理由のひとつです。

若手教育を優先する経営

迫力のあるＯＪＴの機会が減っている今、丁寧なロールプレイングで成功までのシミュレーション体験を増やしている美容院がある一方で、あらためてＯＪＴの機会自体を増やすための取り組みをしている美容院もあります。

例えばスタイリストになりたてのスタッフが、多くの顧客を担当して実践を積めるようにと「ジュニアサロン」という位置づけで、安価な料金で学生などの層をターゲットにした店舗を作っている美容院がたくさんあります。このジュニアサロンで多くの顧客に接しファンを作ることができたスタッフは、より高い料金をもらえる技術と接客を身につけ、主軸になる美容院に配置換えされるのです。

また、これとまったく逆のケースもあります。

例えば、高知県の**アールティ　ヘアクリエイション**という美容院は、創業40年の節目を迎えた昨年、新しい形態の美容サロンをオープンさせました。

新店舗のオープンにはさまざまな理由があったようですが、中でも大きな理由のひとつが、勤続年数の長くなったスタッフが増えてきて、従来の店舗だけでは次の世代の活躍の場が作りにくいという悩みへの打開策でした。

そこで、今までの店舗にはなかったネイルやアイビューティ、フェイシャルケアなどを併設したトータルビューティサロンを作り、ベテランのスタッフをその新店舗に集めたのです。

ベテランスタッフにとっては新形態のサロンへの挑戦ができる、若いスタッフにとってはベテランが抜けた後の店舗を任せられる経験ができるという経営判断です。

オープンから半年経った現在、売り上げを支えていたベテランが抜けた後の店舗でも、次なるスターが育ち、以前の売り上げを超える頑張りを見せている店も生まれています。

「若い世代を育てなければ未来はない」と考える美容業界。**若手にチャンスを増やすことを優先した人事異動と思い切った投資**が、このように次の時代の戦力を育てることにつながっています。

積極的に若手にチャンスを与える取り組みは、他の業界でも応用できます。最近、あるスキー場でご一緒した家具店の経営者は、繁忙期には店に立ち、客足が多くない時期を見はからって若手に店を任せ自身は長期休暇をとっているそうです。飲食店でもランチタイムや一定時期に、店を丸ごと若手に一任し、経営者や管理職はその間に研修を行うといった取り組みも増えています。

一定のエリア、単価の低い商品などに切り分けて、若手に一任していくのは効果のあるやり方のようです。部分的にではなく、すべて任せてしまうことで、これまでに気づくことのできなかった業務間のつながりや、それまで上から言われていた接客方針の狙いがわかることも多いでしょう。

「まとめて任せる範囲」を決めてやりきらせることで、若手の成長につながる機会になるのです。

日本で機会がないなら海外ＯＪＴ

もうひとつ、ＯＪＴの機会自体を増やすための取り組みをしている美容院を紹介します。広島で3店舗、ベトナムで1店舗を経営する**クレオ・ヘア・インターナショナル**という美容院で聞いた話です。この経営者がベトナムに出店を決めたのは、利益を出すためではなく、スタッフの教育目的ということでした。

この美容院は、広島の一等地に70坪の本店を構えるブランドサロンです。アッパー層の顧客が多く、デビューしたてのスタイリストが指名を勝ち取ることが容易ではない環境です。自然と若手が活躍する機会は限定されます。

それならば海外でOJT経験をと考えたのが、ベトナム出店の理由でした。この美容院では、スタイリストとして日本でデビューする直前に、一日10人を4日間、朝から晩まで切り続けるという最終レッスンをベトナム店でしています。

朝から晩までひたすら切って、日本の高いカット技術に感動したベトナムの人たちに「カッコいい」「オシャレになった」「ありがとう」と言われ続けること。その嬉しい経験、成功体験が、実践的な技術の鍛錬になり、そしてなにより若いスタッフの自信となります。

「スタッフ教育のために海外出店した」と最初に聞いたときは、その真意をつかめなかったのですが、日本でできない教育は海外で行うというその考えに、改めて「**美容業界は教育産業**」「**教育に一番の投資をする**」という意味の深さを知ったのでした。

暗黙知を形式知化する

「背中を見て学ばせる」「師匠の技を盗ませる」職人と言われる技術を学ぶ世界では、このような言葉がよく使われてきました。

以前は、美容業界も「見てまねろ、まねることから学べ」という教育が主流だったと聞きます。これは、良くも悪くも美容業界が独立を重ねることで業界全体を活性化してきた背景とも深く関連していると感じます。しかし、美容業界でも最近の若手は「いずれ一国一城の主になる」と考える人が少なくなりました。

終身雇用の崩壊や雇用不安の一方で、若い世代に、条件の良い会社でできるだけ長く働きたいという安定志向が強まっています。

特に出世は望まない、給料は生活に困らない程度にもらえればいい、転勤は嫌、責任のある仕事はしたくない、自分の生活スタイルを大切にしたいという声をよく耳にします。

できるだけ長く使える体系化したスキルを学びたいと思っている安定志向の新人に対して「背中を見て学べ」「いいからついてこい」というスタンスのまま、わかりやすい指導をしないのは、少々乱暴です。

これでは**「ゆとり世代」の価値観との真っ向対決**になってしまう。

なるべく早く新人を戦力化するためには、技を、効果的に伝承していく必要があります。教えられるものはまとめて体系化して、すべてをさらし伝えていく。技、知識を提供することを怖れない。

情報開示を拒んでいてもその技の賞味期限はそう長くないかもしれないのです。であればオープンにしてどんどん伝えていく、そしてその機会に、私たち伝える側も自ら新しい知識を学んで更新していくことが、これから重要になってくるでしょう。

美容院では、夜遅くまで練習を重ねるスタッフが多いと前述しましたが、そこにはベテランスタッフが新人たちに最新の技術を教える姿があります。伝えられることをわかりやすく整理し表現していくことで、自分にも新しい発見がある。また、技を整理し磨くことにもつながります。

業界こそ違え私たち40代50代も、教えること、伝えることに価値を見いだし、今までのスキルに磨きをかけていく努力をしなければなりません。

技を効果的に伝承していくときに必要になってくるのが、暗黙知の形式知化です。わかりやすく言えば、**言葉にできない技を言語化する**ということです。美容業界では、この暗黙知の形式知化が、とても活発に上手に行われています。

美容の世界は感覚的な事柄も多く、指先で感じるわずかな違いや、ミリ単位の差が大きな違いとして語られるように、言語化が難しいナレッジ（組織にとっての有益な知識・経験・事例・ノウハウなど付加価値のある情報）も多いのです。

にもかかわらず美容業界では、自分たちの成功の理由を分析し、顧客に価値があると見なしたことを共有する、自分たちの競争優位性を言語化するということが、とても頻繁に行われています。

ベテランスタッフの中にある知恵や感覚を、できるだけ見える化し言語化する時間が、トップサロンと呼ばれる美容院では数多く研修プログラムに組み込まれています。

福岡を中心に7店舗を構えるトータルビューティサロンの**サラ**では、まだ顧客の髪を切ることのできないアシスタントにもかかわらず、他の美容院の売れっ子スタイリスト並みの売り上げを持っているスタッフがたくさんいます。

それは、アシスタントでも売り上げをあげることができる「ナレッジの共有」をとても上手に実践しているからです。

サラではまだカット技術者としてはデビュー前のアシスタントが、自分たちにもできるメニューであるヘッドスパを勧めることに関して、施術（成約）に至った事例を体系的に言語化しています。

例えば「パーマスタイルの持ちが悪いと言っていたお客さまには、頭皮に脂分が溜まりすぎて、髪が立ち上がりにくくなっていることを説明し、頭皮の汚れを除去するヘッドスパをオススメしたら成約に至った」などという成功談は、「顧客ニーズ」↓「原因分析」↓「解決法の提案」↓「商品のオススメ」と分解し、成功のナレッジを毎日共有しています。

美容という顧客の感性に訴える分野で、顧客が意思決定をしたもっとも重要なポイントをしっかりおさえて共有するのはとても難しいことです。それを「ゆとり世代」中心のアシスタントたちが自発的な取り組みとして進めています。

顧客のタイプを分類する、受け答えをパターン化する、効果や効能の説明を絞っておくなど、あらかじめナレッジポイントを絞り込み、類型化して想定しておきます。「こんなときにはこうする」「このタイプにはこう答える」とあらかじめ設定をしているのです。

日本有数の店舗数を誇る**アッシュ**という美容院では、昨年末、月間売り上げ1000万円という記録を打ち立てたスタイリストがいます。12月の繁忙期とはいえこの数字はとてつもない多さで、これだけの売り上げをあげるスタイリストは全国にもほとんどいません。

こちらの経営者はインタビューで「彼が12月に1000万円の売り上げを達成したナレッジは、スタッフ全員が共有できると思っている」と言いました。

感覚的に売り上げたのではなく、1年前から目標設定をして意識的に12月の記録樹立に向けて計算と努力をして作った売り上げなので、言語化できるし、共有できるし、継承できるというわけです。

この場合は現状の顧客分析（人数と来店頻度）、その顧客の単価などを割り出し、12ヵ月後までにどれだけ顧客を増やさなくてはいけないかを分析することが考えられます。次に顧客を増やすためにできる対策を考えます。顧客の増加は新規集客と、紹介客の増加、既存客のリピート率アップに分解できるので、それぞれについて対策を考えます。技術売り上げだけではなく商品の販売を増やすために必要な要素も書き出して分解し、12月に商品購入が増えるようにするための戦略を考えます。

このように、**成功したスタッフの成功の理由を分解し、形式知化する**ということが、業績を伸ばしている美容院では、しごく当たり前に行われています。

顧客分析を共有する

美容師は徹底的に顧客の声を聴かなくてはならないと言いました。顧客の要望、それも一人ひとりまったく違う「髪」という変数の大きな素材をもとに、相手に合わせて100人100パターンの提案をしていく職業です。シーズンごとに変わる、髪型や髪色の流行にも合わせなくてはなりません。そして、髪は一度切ったら元には戻らない。やり直しもできないし、リセットすることもできないので、要望を正確に受けとめ提案する力が求められます。

人気の美容院では、細やかな女性心理に対応するために、毎月発刊される女性ファッション誌を参考にして女性のタイプを分類し、デザインの提案はもちろんのこと、接客中の言葉まで変えている美容院も少なくありません。

例えば、男性目線を気にするタイプの女性には、男性に好まれそうな女性をイメージさせる「華やか」「可愛い」「キレイ」「しなやか」「手触りが良い」などの言葉を多用し、ヘアデザインも曲線を強調した女性らしく柔らかいスタイルを作ります。

逆に女性からの目線を気にするタイプの人には、同性に好かれる女性をイメージさせる「好感度」「清潔感」「爽やかさ」「派手すぎない」「目立ちすぎない」などの言葉を多用し、ヘアデザインもシンプルで飾り立てないスタイルを作ります。

もちろん2種類だけではなく、想像できる顧客のパターンをできるだけ詳細に分類し、あらかじめ分析し、それぞれの女性が好む言葉やデザインを想定しておくことで、若手であったとしても「この人はわかってくれている」という安心感を顧客に与えることができます。この教育の積み重ねでリピート率をあげているのです。

表参道や銀座などを中心に5店舗を構え、雑誌などでも次々とトレンドを発信する美容院**ミンクス**では、長年、顧客分析とトレンド分析を組み合わせた勉強会を続けています。フェミニンチーム、グラマラスチーム、カジュアルチーム、モードチーム、コンサバチームなどのチームがあり、月1回の勉強会で、それぞれチームに所属するメンバーが、一人1冊女性ファッション誌を担当してすみずみまで読み込み、流行の分析と対策を考え情報交換し合います。

例えば、カジュアルチームのミーティングでは「この春はデニムの特集記事が多かった」「髪色を明るくする読者が増えた」「読者に人気のモデルランキングが変動した」「貯金に対する記事が以前よりも増えた」など、ファッション、ビューティ、読み物、あらゆる側面からの情報が共有されます。

それらの情報を研究し傾向を分析したら、そのような雑誌を読んでいるカジュアル系の女性たちに対してどのような言葉づかいで接客すると好まれるのか、どのような話題を盛り込むか、どのようなヘアスタイル提案をしていくと良いかという話し合いを重ねる。

成功体験のナレッジ化も頻繁に行われていますし、実際にこのようなスタイルを提案していこうとモデルの写真撮影も行われます。

チームで共有された情報やヘアスタイル写真は、全店舗のスタッフに落とし込まれ、自分が所属するチーム以外の傾向も知ることができます。事前に研究↓分析↓提案までを全員で共有しておくことによって、初めて出会う顧客にも、いろいろな引き出しを持って臨むことができる。しかも時代に合わせて少しずつ変わっていく女性の意識にも、常に敏感に対応できる教育法です。

この美容院では現在、各店からの選抜メンバーだけで行われていたこの勉強会を、店舗ごとの勉強会に発展させています。

顧客が多様な美容の世界では、ぼんやりと感覚的に捉えていたことをナレッジ化することによって売り上げがあがったり、リピート率があがったりすることのインパクトが大きく、このナレッジ化ができる店はどんどん強くなっています。いち早く成功の形を取り込んでナレッジ共有することで、スタッフ全員が知恵を持って接客に臨み、競合との差が一層開いていくのです。

ただし、ＩＴを使ったナレッジ化ツールやナレッジマネジメントのシステムはほとんど導入されていません。一日中立ちっぱなしで、間断なく顧客に施術している美容サロンでは、自分の考えをテキスト化するための入力時間や手間をさくことが難しいのです。

ですから誰かが成功したら、その成功を分析してナレッジ化。ナレッジ化された内容は文書などにおこす時間をとらず、ミーティングなど口頭ですぐに共有。責任者が理解をしたら、各店舗に落とし込み。次の日には全スタッフがそのナレッジを生かして営業に臨み、あっという間に横展開していきます。

そこで生まれるさらなる成功事例も、その日のミーティングで共有され、次の日には全店に伝わる。ＩＴによる入力や保管、読み込みの手間を省き、とにかく実践していくことが最優先。これはとても効率的だと思います。

この方法は、技術がどんどん革新し、競合が熾烈な「今」に合っているだけでなく、「ゆとり世代」たちにスピードの感覚を植えつけ、仲間と共にチームで戦っていく感覚を身につけさせることができるというメリットも持っています。

美容の超速のナレッジ共有には多重の意味があるのです。


そして驚くことに、この成功例の言語化は、美容業界では自社のためだけではなく、広く業界に開かれています。

業界では、技術や接客、対人対応力を磨くセミナーが全国各地で毎週月曜日に行われています。講師は同業種のカリスマであったり、異業種のコーチだったり。月曜日に行われるのは多くの美容院が月曜定休だからです。それらのセミナー会場はいつも美容師でぎっしりです。このようなセミナーや、美容業界の専門誌では、常に、この暗黙知の形式知化がされています。

自サロンが勝つためだけにそのナレッジを囲い込むのではなく、業界全体を豊かにするために、ライバル店の垣根を越えて、成功体験から学ぶナレッジ共有が行われています。北海道の店舗の成功事例は、セミナーの次の日には高知の店舗で実践されます。そこで培われたノウハウは、また共有されて、北海道の店舗にも還元されます。

このように、美容業界での暗黙知の形式知化は、ベテランの技や成功者の感覚を、若い世代に伝える有効な機会となって働いています。これも、美容業界の若者が、早く一人前に育つ理由のひとつです。

物語を作る力を育む

今、商品やサービスを売るためには「物語を作る力」が必要であるということが盛んに言われています。

私たちの世代は、モノがどんどん高機能化したり、新しいブランドが海外から入ってきたりというように、商品や新しいサービス自体に価値があった時代を新人、若手として生きてきました。ですから、それほど説明しなくても、商品やサービスの魅力や新しさだけで顧客が飛びついてくれた。

しかし、競争が激化してくると、画期的な商品やサービスは生まれにくくなります。言い換えれば、もう新しさや機能価値だけでは勝負できなくなってきたというわけです。

これからは、他社の商品やサービスに比べて、いったいどこに価値があるのかということをはっきり説明しないと、商品やサービスの値段はどんどん下がっていくことになるでしょう。営業マンだけでなく、技術者も商品開発者も、自分たちが大事にしている商品の値段がどんどん下がっていくのは非常に辛いことですし、モチベーションも下がってしまいます。

多くの商品とサービスの中で価格競争に巻き込まれないためには、自分たちの商品やサービスに対して「物語」を語らなければ差別化はできません。機能や効能を説明するだけではなく、その機能を使ってどのように生活が変わっていくのか。わかりやすく説明ができなければ、モノもサービスも売れない。**人が関わる接点で、顧客の理解と共感を生んでいかなくてはいけない**のです。

物語から共感を得るコミュニケーションがより必要になってきたこと、これが、私たちの世代と、今の若い世代の間にあるギャップです。

ハスナという、ジュエリーブランドがあります。数あるジュエリーブランドの中でも、頻繁にメディアに取り上げられるブランドです。

ハスナで売られる水晶の指輪には、約5万円の値段がついています。水晶は市場価格が安いため、他の店では1000円、2000円で売られていることもあります。この値段で売れるのは、ハスナのジュエリーに物語があるからに他なりません。

このブランドを語るときにまっさきに出てくるキーワードは「エシカル」という単語で

す。もともとは「倫理的に正しい」というような意味合いの言葉で、ハスナのジュエリーは「エシカルジュエリー」と呼ばれています。

ジュエリー業界では、原石がどこの鉱山で採掘されたかそのルーツをたどることは難しく、どのような労働環境で採掘された鉱石なのかわかりにくいのが現状だそうです。その中でハスナは、自ら生産地を探し、生産者を教育し、適正な価格で取引をする流通ルートを作ったブランドでした。

水晶のリングは、密輸が横行するパキスタンのフンギ地区の水晶です。それまでは安い金額で水晶を買われていた街の女性たちとともに、水晶の研磨の技術を編み出し、経済的な自立を促し、2年の月日をかけて商品化にこぎつけました。この物語の存在によって、この水晶は価値あるジュエリーになるのです。

右肩上がりにモノやサービスが売れた時代では、日々の成約の実感から、関わる人たちも自然と自己効力感を持つことができました。同時に、それは個人の成長感ともリンクして、やる気の増幅へとつながっていきました。でも、モノが売れず、サービスを使ってもらえなければ、モチベーションはあがりませんし、自らも否定されたような気持ちになってしまいます。

私たちの世代にはそこまで強く求められなかった「**物語を作る力**」「**物語を語る力**」が、**今の若い世代にはとても強く求められています**。そして、その力は新人のうちに身につけていく必要があります。

美容業界でも、自分たちの商品（技術）やサービスの価値をしっかり伝えることができている美容院や美容師は、価格競争に巻き込まれず、オンリーワンの立ち位置を作ることができています。

プロが語る物語

北海道で美容院とネイルサロンを8店舗構える**アルティ**の例をお話しします。ここは、美容院の収益構造の改革を推進したことで、業界内で広く知られる会社です。

多くの美容院は、技術の売り上げを柱にして収入を得ています。そこに、店での商品販売という2つ目の収益の柱をいち早く確立したのが、この美容院です。美容院で通常売られているシャンプーやスタイリング剤などはもちろんのこと、女性の健康や美を助ける商品に対して幅広い知識を身につけ販売することで、もうひとつの売り上げの柱を作ったのです。

オーガニックにこだわるラインナップにおいて、「生活の木」（１９５５年に創業した日本を代表する老舗のオーガニック化粧品ブランド）と提携し、体と環境に優しい商品を扱うだけにとどまらず、自社で化粧品製造販売免許をとり、顧客一人ひとりの肌に合わせて化粧品を調合する資格も持っています。

現在、旭川にある本店は、1フロアが美容院のスペース、もう1フロアが美容系のセレクト商品の販売と、自社で化粧品を作れる工房、教室などを行える集会スペースです。こうして美容院という枠を超え、顧客に対する「美のアドバイザー」的な存在を確立しています。

この経営者が重要視しているのが、顧客との接点を増やすこと。商品を販売することを通じて、自分たちのこだわりを顧客に説明し、美容に関してアドバイスができることを大切にしています。

商品だけではなく、美容院で提案するメニューに関しても同様です。例えば、最近流行の炭酸パック（炭酸には抗菌作用や血行促進作用があり、美容分野で大変注目されています）というメニューも「なぜうちが使っている炭酸パックはこれなのか」「他社の商品と何が違うのか」という説明を全員ができるように教育されています。炭酸濃度が３５００ppm以上あるのでデトックス効果が高いとか、発泡時間が他社だと10分、15分のところが1時間発泡しているのだとか、ジェルの粘度がほどよく高いので落ちにくく非常に効果的だというようなことを語れる訓練をしているのです。

ただ「うちの美容院は炭酸パックをやっていますよ」というだけでは「私、前にも炭酸パックやったことがありますので」と商談が終わってしまうところを、こうした説明を加えることで、顧客にとっては「新しいメニュー」になります。

アルティでは、「何を使っているか」ではなく「なぜこれを使っているか」という物語部分にスポットを当て、その「なぜか？」を説明する機会を狙っています。その**物語を語れる美のエキスパートを育成することで、オンリーワンのブランドを築けている**のです。

前述した素人のプロ化に対して、本当の専門家としてのありさまの見せ方は重要です。

例えば、東京に、野菜ソムリエが常駐するスーパーがあります。

同じトマトでも、産地や育て方によって値段はずいぶん違います。説明がなければ、顧客はより安いものを選ぶでしょう。しかし、その作り方、どのような料理法が向くのか、他の素材やドレッシングとの相性はどうかなどの情報を、その野菜ソムリエが説明してくれることで、顧客は値段とは別の視点で商品を選ぶことができます。

プロとして物語を語れるようになると、顧客は動く。物語を語れるようになれれば、「ゆとり世代」の新人・若手にも自信が生まれます。

ファンの獲得力＝能力×考え方

皆さんは、美容院を「髪を切る場所」「髪型を変える場所」だと考えているかもしれません。そう考えると、美容院の一番の商品は「技術」ということになります。顧客にとって大事なのは、高性能な商品やサービス＝高い技術。だとすれば髪を切るのが上手な人ほど売り上げが多いはずです。

しかし、実際には、技術の高さだけが売り上げに直結するわけではありません。

美容業は来店してから退店するまで、顧客との接触時間がとても長い職種です。しかも身体に接触するコミュニケーションが必須です。そのため相手に対して細やかに気遣いをしていくことが強く求められます。

私たちビューティ総研の調査でも、顧客が店を選択する際の判断基準の上位に、「接客」があがってきます。カットやパーマの技術、料金といった要素以外に接客が重要なのです。

MOT（Moment of truth＝真実の瞬間）という言葉があります。顧客が商品やサービスへの印象を決める瞬間を調査するために、もともとは航空業界で導入されたサービスマネジメントの考え方です。

美容業界でこの調査をすると、商品そのものや実際の施術といったサービスのコア部分への評価だけではなく、接客態度や店の雰囲気などのフリンジ（周辺）の部分で、多くの顧客がリピートを決めていることがわかります。

美容業界は、顧客が買いにきているのは技術だけではないということに早くから気づき、技術の習得だけではなく「物語を語れる力」を養うことに着目をしてきたのです。

特に、顧客から支持を集めている美容院では必ずと言っていいほど「自分の技術をお客さまに効果的に説明する力」もレッスンに組み込まれています。先に説明したロールプレイングなどとセットになり、何度も繰り返し、自分たちの技術の価値を伝える練習をしています。

例えばある経営者は「**ファンの獲得力＝能力×考え方**」と明言し、目の前の顧客に対して、とことん関心を持つことを教育しています。これは、彼がアシスタント時代を過ごした美容院での気づきがもとになっているそうです。

技術はトップクラスなのになかなか売り上げのあがらない先輩と、スタイリストになったばかりなのにどんどんファンを獲得していく先輩を見て、ファンを獲得するには技術だけではなく、考え方が重要なのだと強く感じた経験から生まれた教育です。

また、別の美容院ではスタッフ一人ひとりに「顧客への貢献テーマ」を設け、それぞれに自分の得意分野の研究をさせています。

例えばヘアスタイリングのノウハウ、例えば前髪のカットのバリエーションなど、その分野においては、自分がその美容院はもちろんのこと、日本の中でもトップクラスの貢献ができるはずだという「自分の得意なテーマ」を一人ひとりに持たせる指導を行っています。

一人ひとりを差別化することで、スタッフをブランド化し、また、だれにも負けないプロ性を作り、前に進んでいく自信をつける一助にしているのです。

ブランドとは「物語」

ブランドの浸透と定着が成功するかどうかは、どのような物語を語れるのかということに尽きます。そして、**物語を作る力というのはすなわち、相手の心を動かす力**とも言えるでしょう。

例えば、採用面接で学生と話をしていても、やはり物語を語ることができる人には力を感じます。海外を放浪していました、こんなクラブ活動をしていました、そのネタ自体は何でもいいのです。どこで誰とどんな関わりを持って、どこで感動したのか。そのことを自分の言葉でドラマ化して語れる学生は、とても面白いし一緒に働きたい。入社してからも同じことが言えます。

それは、表現テクニックの問題ではありません。「人に関心がある奴なんだな」「細かい所に気づける人なんだな」などと、**センスの良さを感じる**わけです。

就職活動では、その物語は「自分の物語」ですが、社会に出てからは、それが「商品の物語」「サービスの物語」「会社の物語」として、ブランドの魅力を支える力になっていくのです。

第三章　「さとり」に火をつける

取り組む前に結果を悟り高望みしない。口癖は「どうせ、やっても変わらないですよ」。インターネットでの情報収集に慣れた世代の中には、自分で経験したことがないことも、机上でシミュレーションし、結果を予測してしまう若者がいます。

「ゆとり世代」の特徴のひとつ、熱くならない、がむしゃらにならない。その冷めた様子を称して「さとり世代」という名称も生まれました。

ここでは、リアルな世界にしっかりと根をはり、人対人の商売を続ける美容業界が「さとり世代」とも呼ばれる今の新人や若手の心に火をつけていく工夫を紹介します。

トップがいちばん熱く魅力的でなくては、若い世代を導くことはできないという社長の覚悟が、この言葉からもよくわかります。そして、このように熱い想いで美容に向き合っている代表がいる会社は、今、美容業界で業績を伸ばしています。

冷えている薪《まき》にはなかなか火はつかないけれども、最も燃えている人が熱く燃え、そして最も熱いその火の存在を近くに感じることで少しずつ燃えやすい下地を作っていくことが、「さとり世代」には必要なのです。

私たちのまわりでも、成長している会社では、トップは**繰り返し繰り返し、創業の想いを話しています**。それでもなかなか社員に声が届かない場合には、会議や社内報を最大限に活用し伝え続け、熱伝導させていくしかありません。

膝と膝が熱を高める

同じく大阪を中心に展開する**フォーサイス**という美容院の創業者は38歳。たった13年間で28店舗のサロンやショップを経営するほどのスピードで企業を成長させています。

アナログな顧客管理が主流だった美容業界に、彼はいち早くＩＴ、ＩＣＴのインフラを持ち込み、インターネットやＳＮＳをうまく使って積極的な顧客サポートを実現してきました。

しかし、そんな脱アナログ派の美容院のトップでも、日々店舗をまわってスタッフと膝と膝を突き合わせて話をするということを大事にしています。

「うちの会社の理念は、美容を通じて豊かな社会を提案することなんだ。そのためにもITを使ったお客さまへのアクティブなサポートが必要なはずだ」ということを、トップ自ら美容院のスタッフに話をしてまわるのです。

彼がよく口にするのが、京セラや第二電電の創業者として知られる稲盛和夫さんの「人生・仕事の結果＝考え方×能力×熱意」という公式。どんなに能力があっても、熱意がゼロだったり、考え方がマイナスだったりすると、会社はつぶれる。そのためにも、真正面で向かい合う会社の理念教育は欠かせないと言います。

「才能やセンスのある子は、あれこれ教えなくても『お客さまのために』を軸に考えて、勝手にやってくれる。でも、できない子たちができるようになるためには理念教育をしなくてはいけない。設定したKPI（Key Performance Indicator＝業績を向上させる鍵となる指標）が達成できたかどうかをチェックする以前に、その教育をしなければボトムアップしない」と彼は言います。

何のためにその指標を目指さなくてはいけないかという土台がないまま、指標だけを「さとり世代」に浸透させてしまうと、指標ベースで「それだけやってりゃいいのね」となってしまう。膝と膝を突き合わせ**「そもそも君は何がしたいのか?」「どうしたいのか?」**ということを問い続け、それが自分の会社や組織にとってどのような効果をもたらすのかを、お互いに考え続ける。こういったコミュニケーションがあってこそ、やるべきことをやれているのかの指標が理解できるようになると指摘しています。

学生時代とのギャップを感じ厳しい現場にへこたれてしまう新人も、これまで経験してこなかった環境にとまどい、どうせダメだよと悟ってしまう態度をとる新人も、至近距離での対話で、考え方が変わってくるものです。

前に「目は口ほどにモノを言わない」という言葉を口癖にしている経営者を紹介しましたが、やはりｆａｃｅ　ｔｏ　ｆａｃｅ。一対一でお互いの想いを口にして話し合うことを大事にしている会社が、若い世代を稼ぎ頭にまで育てることができているのだと感じます。

親密性が熱を育む

熱いスタッフが仲間の「さとり」に火をつけていく。トップの熱を伝えることと同時に、美容業界が大事にしているのが「仲間が火をつける」ことです。

「**組織内の親密性は自然発生しない**。だから組織は親密性を作る場をたくさん設ける必要がある」と言った美容院の経営者がいます。美容業界では、多くの会社がスタッフ同士の親密性が発生しやすい仕掛けをたくさん作っています。

「さとり世代」を熱くするという目的だけでなく、チーム力を高める目的でも、組織に火がつきやすくなる素地を作ることを意識しているのです。

組織の密度によって、成長の速度は変わります。離職率も変わります。美容業界でも離職理由を見てみると、給与などの条件の他に、職場や経営者から受ける励ましのないことが上位の理由になっています。

ですから、研修合宿などはもちろんのこと、部活、ＢＢＱ、飲み会、ボウリング大会、花火に屋形船、初詣など、もれなくと言っていいほど、あらゆる行事に参加しながら、親密性を高める時間を増やしています。

美容業界では、レセプション（受付）、スタイリスト、アシスタント、管理職、セラピストやアイリストがいるサロンもあり、異なる専門職の人々が集まっている組織でもあります。

一般的に、こうした組織は縦割り意識が強くなりギスギスとした職場になりがちなことについても、美容業界はとても自覚的で、だからこそ親密性を作り出す場づくりに力を入れるのです。


私たち世代と「さとり世代」に価値観のギャップがある以上、縦はもちろん横や斜めの人間関係をも強くしていく必要があるでしょう。職場のイベントやちょっとした委員会活動などで知らなかった一面に触れると、「あ、この人と働きたい」「この人とだったら楽しくやれる」という意識が生まれてきます。日常の業務からは見えない人の姿を感じることで、共感をしたり、話を聞く心構えができるのです。

「愛社精神」という言葉を出すと、社畜のようで嫌といわれるかもしれませんが、自分の会社が扱う商品やサービスの一番のファンが自分であるということが、商売の基本です。

そもそも「自分の会社が好きだ」と言えるように、私たちは若い世代に働きかけをしているでしょうか。

経営者を尊敬しているとか、働く仲間が好きだとか、そのような単純だけれども大切なことに、恥ずかしがらずに向き合っているのが、私が出会った美容業界の人たちでした。

親密に関わることに遠慮をせず、「さとり世代」も巻き込んで熱を育む。美容業界では、今も昔も変わらず、密な（というよりも、暑苦しい！　というくらいの温度の）関係性を、上下を問わず職場の仲間と築いています。

昨年から、アイドルグループＡＫＢ48のヒット曲「恋するフォーチュンクッキー」を会社で踊り、動画を撮ってＹｏｕＴｕｂｅなどにアップすることが流行りましたが、あれを見て「いい会社だな」と思ったという若者は少なくありませんでした。

顔が見えて、信頼でき、明るいつながりがあって、人の呼吸を感じられる場所。そんな場所をうらやましく感じてしまうのが、「さとり世代」なのです。

放課後の夢語りが火種に

先輩への憧れや、未来への期待は、「放課後の夢語り」で生まれるものです。

美容業界では目の前の業務から一歩離れ、10年後のビジョン、20年後の自分たちの仕事を語っているシーンによく出会います。

前に紹介したスニップスでは、徹底した顧客分析とボディモーションのトレーニングを重ね、目の前の顧客を喜ばせる経験をいち早くさせるしくみを作る一方で、今後の美容はどうなる？　という広い視点からの話も若手と共有する機会を作っています。

例えば勉強会では、技術の話だけではなく、地図を描いて世界のカルチャーや経済状況について触れる。今後アジアは急速に成長していくから、そのときには今の日本で完成しているヘアデザインを発信していけるのではないか。かつて日本はアジアを支配しようとしたけれど、これからはカルチャーを軸にして日本を伝えていけば、アジアの人たちにも共感されリスペクトされていくのではないだろうか。そのとき、自分たちは美容師として大事な役割を担えるのではないか、というような話をするのです。

これを若い世代のスタッフは目をキラキラさせて聞いているそうです。**放課後の夢語りが「さとり世代」に火種を生んでいる瞬間**です。

思い出す話がもうひとつあります。**カラーズジャパン**という、金沢を中心にサロンを展開する経営者の話です。インタビュー当時、彼は31歳。3人でスタートした美容院を、オープンから8年で110人の会社にまで急成長させていました。

彼の会社は、美容師だけではなく、ネイリスト、アイリスト、ビューティコーディネーターなど、いろいろな職種のスタッフを抱えています。昨今、ネイリストやアイリストを雇用し、トータルビューティサロンとして展開する会社が増えてきていますが、サロンの中で人数が少ないネイリストやアイリストは、孤立しやすく、離職率が高いというのがどの会社でも共通の悩みの種でした。

それを解決するために彼は、ネイル、アイビューティ、それぞれ会社を作って、スタッフたちそれぞれの責任の重みを増やすことにしました。

そして、一人ひとりと改めて時間をとって意見を交換し、徹底的にビジョンを伝えるミーティングを繰り返した結果、あるネイリストは、月の売り上げが50万円もアップしたそうです。

責任を持たせることを徹底し、トップが本気になって夢語りをする。たった2つのことをやり切っただけで、スタッフの意識は変わり結果も変わるのです。

売り上げはテクニックが作るものではなく、本気のマインドが作っていくのだということを改めて教わりました。

先輩のキラキラが燃えうつる

「俺はこんな仕事がしたい」「私はこうなりたい」ということを、自信を持って目をキラキラさせて話す先輩の存在が新人たちを惹きつけます。

つまらない場には誰も行きたくないし、つまらない場かどうかは、一緒に働いている先輩たちが、夢語りができているかどうかということに尽きると思います。

「昔の人は飲みニケーション好き」などと言う人がいますが、私たちの世代だって、朝まで飲みに連れて行かれることが好きだったわけではありません。無理矢理連れて行かれた記憶もたくさんあります。

けれども、そこで先輩のいろいろな夢を聞き、自分の未来と重ね合わせて刺激をもらい、熱い想いで家に帰ったことも覚えています。この上司と一緒に仕事をしていたら成長できるかな、総じてそう思える時間が飲みニケーションにはあったのです。

皆さんは最近、新人や若手が未来の自分を投影できるような仕事の喜びや夢を語っていますか。熱く夢を語れる空気を作る。将来の事業を語って夢を見せる。強く意識して先輩や上司が思いを伝え、言うなれば、冷めた空気を入れ換えることが重要です。

美容業界の飲み会に参加すると、びっくりするほどみんなが夢を語っています。「もっとお客さまに喜んでもらえる店にしたいよね」「来年にはもう1店舗出したいね」。そういう話をしている会社は活気があるし、魅力的な人が多い。一人ひとりがマイナスの話をするのではなく、ありたい姿を語っていくことから前に回転するというのは、やはり大事だと感じます。

また、若いスタッフが目をキラキラさせて、先輩の話を聞いている組織というのは、後輩が先輩と同じ未来を見ているのだということに気づきます。

バブルで景気が良かったころの自慢話をし、将来に対しては暗い悲観的な話ばかりするというのでは、若い世代はやってられません。

そうではなく、これからの時代を生きていく後輩の立場に立って、「一緒にこうやって歩いて行こう」という建設的な話をしている先輩に、後輩も、もちろん新人も心を動かされるのです。

同期からの刺激が火をつける

静岡と東京に、20店舗を展開する**フォルテ**の経営者は、とにかくスタッフの心に火をつけるのが上手な人です。数々のコンテストで優秀な成績をおさめるスタッフが多く、そのパフォーマンスやプレゼンテーションは、全国の美容院の目標ともなっています。

そんなサロンの経営者ですら、以前に比べ「最近の若い世代は、火をつけるのが難しい」と言います。情報が多すぎて雑音が入る、例えば真面目にやっている子がインターネット上の投稿や書き込みなどを見て、「頑張ることはかっこ悪いこと」と感じてしまうこともあるのだそうです。これがまさに「さとり」現象です。

そんな「さとり世代」を乗り気にさせるのは「憧れのロールモデルの存在と、同期からの刺激の2つしかない」と彼は断言します。

憧れの先輩という**縦の刺激に加え、同期という横の刺激**。

今の若手は同期や同世代からの刺激や影響力を、より強く受けると感じます。同期の頑張りは焦りにもなるし、励みにもなります。同世代が多い職場ほど、仕事を通じた成長実感が高くなるという調査データもあります（『人が育つ会社をつくる』高橋俊介著・日本経済新聞出版社）。

以前に比べ、今は採用人数自体が少なくなり、どの会社でも同期が少なくなってきています。そのことを上の世代が自覚して、意識的に同期との接点を増やすようにしてあげる必要がありそうです。

ある美容院では、それぞれの店舗に1人ずつ配属された新人のレッスンを店舗に任せていたときと、月に何日か同期が一堂に会してレッスンする場所と時間を確保して以降を比べると、離職率が格段に低くなったと言います。同期の存在があることで、刺激を受け、成長できる機会も増えるのでしょう。

もし自分の部署に同期がいないのであれば、他の部署の同期を交えて「こんなに頑張っている同期がいる」ということを知る場を意識的に作っていくことも有効だと思います。

美容業界では、部署や会社の枠すら超えてライバル店同士の同期や同世代同士の交流を持つ勉強会に参加している会社がたくさんあります。前述したフォルテもそのような交流の会を有効活用しています。

自分の店には刺激し合える同期がいなくても、何十店も集まる場でライバルが見つかったり、目標にできる歳の近い先輩を見つけて頑張れるという話をたくさん聞きました。社外勉強会に参加するようになってから、売り上げが2倍、3倍になった若手の話は枚挙にいとまがありません。

まずは自分の会社での憧れの存在と同期の存在。それが難しければ、視野を広げて近い場所で同世代との交流を深める。仲間の刺激で火をつけることで「さとり」の心も動きます。

わくわくの演出方法

これは極端かもしれませんが、こんな面白い取り組みもあるという例を紹介します。

前述したフォルテの経営者は今年、会社に映像制作担当のスタッフを採用しました。その理由は、「わくわくを作るため」。みんなが活き活きと働き明日の夢に向かってわくわくするシーンは映像でなくては伝わらないと言います。

以前彼に、自分の会社の幹部を集めるのでリクルート流の「わくわくの演出方法」を話してほしいと言われたことがあります。わくわくする機会を常日頃から演出することが、「さとり」に火をつけるためには必要だと言うのです。

たしかに私自身も社内でわくわくを演出することに全力を尽くしてきました。部署の目標を工夫をこらして装飾しポスターにしたり、キャッチコピーをつけて壁に貼り出したり。成績優秀者の表彰式では実家の両親に取材に行き、コメントをもらったこともありました。お母さんは戸惑いながらも、少しずつその子の小さいときからのいろいろな想い出話をしてくれます。支えてくれた人を思い出すことで、チームを意識することができるようになります。そのお母さんのコメントは、表彰された当事者だけではなく、その場にいるメンバーの心に刺さります。

わくわくの場は、前向きな気持ちにつながります。

「さとり世代」には、前向きな気持ちを発生させるわくわくを意識的に演出することが、とても大事なことだと思います。**主体性や当事者意識は、前向きな組織でないと出し惜しみされます。**楽しいからこそ、自ら動き、自ら改善に取り組むチームができるのです。

チームで勝ち、喜びを増幅させる

自分が成果を出せなくても、チームとして追いかけた目標が達成できることがあります。その経験は代え難い自分自身の財産になり、自分自身で達成した結果よりもむしろ貴重な経験になります。

美容業界でもチーム制をとっている組織が多く、チームによって成長速度をあげる布陣が敷かれています。

チーム制にすることで仲間の前向きな気持ちが伝染する効果があります。壁を越えていく喜びを共有する。それを自分だけでなくて周りの誰かとともに行うことで、喜びも倍増します。

チーム制を組んでいる美容院では、シャンプーやヘアカラー、パーマのロッドを巻くことなどがアシスタントに任せられます。月に100万円の売り上げがあるスタイリストと、個人では売り上げを持っていないアシスタントがチームを組むことで、100＋0が100ではなく、200や300になるのが、チームで働く醍醐味です。

チーム制で働くことには、スタイリスト（先輩）にもアシスタント（後輩）にもメリットがあります。

一般に月間の売り上げが200万円を超えるスタイリストの場合、顧客と接する時間は、スタイリストよりもアシスタントのほうが長くなります。スタイリストが複数の顧客を手早くカットしたりスタイリングしていく間に、アシスタントは一対一でシャンプーやカラー、パーマなどを担当するからです。たくさんの顧客を抱える売れっ子ほど、アシスタントの働きが顧客のリピート率に大きく関係します。

逆に言うと、アシスタントから信頼され「このスタイリストのために頑張ろう」と思われる人間でなくては売れっ子美容師にはなれないとも言えます。チームで働くことは、利己的なスタンスを修正してくれるという効果があるのです。

また後輩にとっては、自分の成長速度をあげてくれる期待があります。チームを組むことで、新しいチャレンジができる場面が増えるからです。

さらに、チームで働くことは、他者への関心を高めます。先輩の試行錯誤の姿を見て「どんな思いで成果をあげたのか」「ここでこんな苦しい思いをしていたのか」と、初めて仕事への意識が変わるという経験ができます。他者への関心が高まっていくことで、自分の仕事へのフィードバックもできるようになるのです。


スポーツでも同様ですが、チームで戦うことには責任がつきまといます。そしてその分、チームでの勝利は大きな達成感につながります。

例えば、野球で9回裏に大逆転をした場合、サヨナラホームランを打った「その人」が素晴らしいという次元を超えて、「チーム」が一個の人格になる。達成感や感動の振幅が一人で勝った時の何倍にもなるのです。

逆に、自分がエラーをして負ける、自分自身の成績が未達成でチームの目標が達成できない場合も、恥ずかしさ、悔しさ、情けなさが増幅されます。

ハイにもローにも、大きく感情が振れる。チームで戦うことの意義はここにあります。

喜びを増幅させることは「さとり世代」の背中を押す大きな力になります。そして、**恥ずかしさや悔しさが増幅されることは成長の速度をあげていきます**。誰かのために頑張る。あいつも頑張るから、私も頑張る。そして自分自身の貢献を感じることが、自信とねばりを生みます。

少子化により、子ども時代、学生時代の、チームスポーツやブラスバンドなどのチーム体験が減っているようです。社会人になって初めてチームで戦う経験をしたという若手も少なくありません。

彼らには、チームの評価が何よりも重要で、自分の業績だけが良ければ良いのではない、と働きかけ続けることが必要です。

チームの評価に対しての意識が強くなっていくにしたがって、他者を思いやる意識も培われます。

悟らずに熱くなる。チームでの仕事は新人たちにとって学べることが多いのです。

「見える化」が気持ちを固定する

一度燃えた炎は見える化し、しっかりと固定します。

例えば前述したアピッシュには「夢確認書」というものがあります。これはスタッフ全員が毎年お正月に家で書いてくるもので、毎日誰かがそれを朝礼で発表して、常に夢を確認するというものです。アピッシュの経営者は「夢は確認しないと逃げてしまう」と言っていましたが、まさに、書く、話すことで見える化し、想いや気持ちを固定させている例と言えます。

同じく前述したアールティ ヘアクリエイションでは、組織の中期計画をビジュアル化して、スタッフの写真や手書きのコメントとともに「未来予想図」という冊子にしています。数字が羅列された計画書では動かない心も、ビジュアル化された目標設定には気持ちが乗りやすくなります。

また、スタッフが予算を達成するたびに顔写真を撮ってメンバーに配信したり、コンテストなどでスタッフが受賞をしたらホームページに特設ページを作ったりと、スタッフの成長を細やかに見える化し、メンバーにアナウンスすることで「さとり世代」に芽生えた向上心を育てている経営者もいます。スタッフの手柄を見える化し、全員で共有することは、本人だけではなく、周りのスタッフに対してもいい影響を与えています。

ビジョンの理解やクレドの実践も、同じように、映像にしたり、実例を紹介したりしながら具体的に伝えていくことが有効です。

美容業界では、わかりやすい言葉で言い換えるということも頻繁に行われています。例えば「**仕事**」を「**志事**」、「**教育**」を「**共育**」、「**頑張る**」は「**顔晴る**」と書くなど、その言葉から前向きな態度が生まれるような巧みな表現をする経営者を数多く見てきました。わかりやすく覚えやすい言葉で新人を導くことで、「さとり世代」にも想いが届きやすくなります。

変化を与えて熱を保つ

縦の刺激、横の刺激を与え、わくわくを増やし、チームで戦う。他にも日常的な職場の変化は、何ごとにも先回りしてしまいがちな「さとり世代」を変えるきっかけになっていきます。

美容の激戦区、原宿で最も大きな店舗を持つ美容院の**ガーデン**では、店舗異動と人事異動が頻繁です。若いスタッフはすべての店舗をローテーションで経験し、そのたびに、いろいろな同僚とチームを組みます。

アシスタントが頻繁に入れ替わることは、顧客との密な関係性を作る面においてはマイナス要素もあります。顧客も本来は、アシスタントに「はじめまして」と言われるよりも、「いつもありがとうございます」と言われたほうが嬉しいはずです。

しかしそのデメリットを知りながらも店舗異動や人事異動をしているのは、若い世代に「変化」を与えることで、仕事に対するマンネリや飽きを減らしているのです。

もちろん、人事異動だけではなく、スタッフの誕生パーティや、イベントへの参加、撮影や講習会、ヘアショーへの参加など、美容院の外でのイベントや仕事を増やすことで、常に変化を与えて、悟っている暇のない店舗づくりをしています。

仕事に対するマンネリを防ぐことは物理的に場を入れ替えて変化をつけることでも応用できます。会社の座席位置が替わるだけでも、気分も周りの人との関係性もずいぶん変わります。新しい席では新しいお隣さんと新しい会話が生まれ、予測していなかったことが起こります。

世の中は悟れないことだらけなのだと示すためにも、人事異動とは別に、変化をつけるためのさまざまなイベントを意識的に設定し、動きをつける。新しい環境で刺激を受け、チャレンジの気持ちを高めることが、悟る間を与えないこと、熱をあげることになるのです。

新入社員の理想が理想型

「毎年新卒で入ってくる子たちに、美容院に抱いているイメージを聞く。キャリアのある人たちの経験や成功談をヒントにするのではなく、美容師になりたいと思った人たちが思い描いている美容院像が本来の理想型。そこを目指す」と言ったのは、前述の福岡のスイッチのオーナーです。

新卒が入社し、組織に新しい風が吹くタイミングは、組織のあり方をチェックするのにも最適な時期と言えます。

美容業界では、新人が描いている理想の美容師像を共有することが、2年目以上のスタッフにもいい影響を及ぼすととらえ、積極的にピュアな新人の存在を利用しています。

よく聞くのは入社式で流れる、親からのメッセージ映像です。

美容師を目指すと言われたときに親として何を感じたか。これからどんな社会人になってほしいのか。親の口から語られる言葉で、改めて、社会人になる意味を、新人はかみしめます。そして、その映像の存在で、2年目以上のスタッフも初心にかえることができます。むしろ、既存のスタッフのためにこの儀式を行っていると言った経営者もいたほどです。

2年目、3年目になると、いつしか仕事に慣れ、いろいろとわかったつもりになってしまいます。次に起こることが予測できるようになり、**見通しが立てられるようになってきた若手が「マイナスの予言者」になってしまう**ことに気をつけなくてはなりません。悪い状況をあげつらい、どうせうまくいかない、努力しても無駄という言葉を言うようになると、みんなの頑張る気持ちに水をさし、周囲にマイナスの空気を発散していく人になってしまいます。

入社式には、そんな2年目、3年目に、初心を思い出させる効果があります。熱を忘れかけているスタッフも、一年に一度のこの儀式で、熱い気持ちを思い出します。「さとり世代」についた火を消さないための、美容業界の経営者たちのひとつの工夫です。

親の理解がモチベーションを作る

入社式の映像だけではなく、親を巻き込み、味方にすることを積極的に行うのは美容業界ならではのことと言えるかもしれません。

就活を含め、親が子どもの仕事に関わる姿はよく批判され過保護な親の悪い面ばかりが取りざたされていますが、親の理解がモチベーションにつながることも、また一面です。

以前は「家族を巻き込んだイベントをよくやる会社」が結構たくさんありました。私の親の時代には、社員の慰安旅行や家族参加の運動会などがどの会社にもあったものです。その反動もあってか、私たち世代は公私が混じることに抵抗を感じる人も少なくありません。

ところが今の若い世代は、結婚式での「両親への手紙」を何の照れもなく「感動的だった」とＦａｃｅｂｏｏｋに投稿します。今の若者たちにとって、親への感謝の気持ちを表明することはいたって普通のことで、「人様の前で親への感謝を語るのは恥ずかしい」というのは、私たち世代の感覚です。

今の若い世代は再び、**親や家族とのつながりが密な世代**です。その感覚をやはり美容業界の経営者は敏感に察知しています。

前述のアピッシュでは「親孝行月間」を作り、スタッフ全員が親孝行した写真を撮影してコンテストをしています。親を巻き込み、親も職場のファンになってもらう。「親に誇れる職場である」という実感が愛社精神にもつながります。

また、仕事を続けていくうえでは、親ばかりではなく配偶者の理解も重要です。美容業界の経営者は、スタッフの配偶者や子どもに対しても密な距離感で接していると感じます。社内報を家族にも配信したり、イベントに家族を招いたり。自分の美容院の中でそのスタッフがどんな仕事をして、どれだけ顧客に必要とされているのかを折に触れて家族に伝えていく。その説明をすることで、家族の応援をとりつけ離職を減らす工夫をしているのです。

これらは大企業では難しい取り組みかもしれませんが、私たちが折に触れて家族への配慮を伝えるだけでも、「さとり世代」の新人の仕事への熱を高めることにつながるのではないでしょうか。

第四章　「やどり」を自立させる

動くことをためらい、巣立ちしない。「ゆとり世代」のそんな側面を「やどり」と名付けました。

親元から離れたくないという理由での地元志向は年々増えています。結婚したらできれば専業主婦になりたいという女子学生も増加しているようです。出世しなくてもいいから長く働きたいという新人も少なくありません。

もともと独立を前提に技術を学ぶことが一般的だった美容業界では、入社時期から自分の将来の独立をイメージしている人もいました。しかし最近は、美容業界も他業種同様、最初から独立を目指さずできるだけ長く組織にいたいと考える若い世代が増えてきています。

変化を好まず、安定志向で、家族や組織にやどる若者たちに対し、美容業界では、家族的な場づくりから段階的な自立をさせていきます。

できる人をゆだねられる人に

「できない人をできる人に。できる人になったらゆだねられる人へ」。この本の冒頭で紹介したリムの経営者の言葉です。自立の機会をつくるということは「ゆだねられる人」に育てていくステージといえるでしょう。

この美容院が、初めて東京に進出したときの話が印象的でした。心斎橋や南船場に出店し、大阪で拡大展開していく段階では、経営者自らがハサミを持ち、コンセプトを決め、スタッフを育成してきました。この時期は、face to faceで毎日スタッフと向き合い「できない人をできる人に」育てていく教育をしてきた時期です。

東京の出店に挑戦したいというスタッフが出てきたとき、この経営者は「できる人をゆだねられる人」、つまり経営者的視点を持ったリーダーに育てなくてはいけない必要性を感じました。そこで彼がしたことは、スタッフへの問いかけです。

店を自らマネジメントしていくうえで必要な項目をあげ、レポート用紙で30枚の質問状を渡しました。その質問状に感覚ではなく論理的な裏付けを持って答えることができるまでは、東京出店にイエスとは言わない。そう決めて、東京メンバーのプロジェクトチームが発足しました。

30の質問状に答えることは、そのまま「自立していくプロセス」になります。

また、同時に「ゆだねる判断の基準」も明示されました。この質問状に対して基準を満たした回答ができたら、新しいプロジェクトはGOサインだという、あらかじめ合格ラインを設問と一緒に提示しているのです。

「まずやってみろ」と白紙でレポートを求める方法とは違い、この質問状の存在自体が、段階を踏むことで成長できるプログラムとなっています。

質問の中身は多岐にわたっていました。まずは個人的な質問から。「あなたの強みは何ですか?」から始まって、今までの人生で一番嬉しかったこと、悔しかったこと……。人生を棚卸しさせる作業です。

そして質問の柱は、東京で店を出すにあたっての核となる強みは何か。現状の自分の売り、これから売りたいこと。現状のファンとこれからのファンの掘り下げ。誰に来てほしいのか、リアルなターゲットは誰なのか……。

その質問をもとに、メンバーたちは日夜話をし、調査もして、1年経ったところで経営者に答申してきました。でもそのときは、これではまだよくわからないというダメ出しをして、メンバーはまた1年かけて話し合いました。

例えば「ゼロの状態からどうやって顧客を増やしていくのか？」という問いに対しては、「初回無料でそのスタイルが気に入ったら2度目から料金を払ってもらう」。つまりデザインに対して後払いの考えを導入したいという考え方も出てきました。「スタッフはどこに住む？」という質問に対しては「一軒家を借りて合宿をします」。「どんな人に来てほしいのか？」の答えは「ドリカムの吉田美和さんが来てくれるようなサロンを目指す」など。細部まで検討されたレポートが提出されるまでに、2年の月日を費やしています。

頭から汗を流して仲間とともに考え、ブランドの物語を作るという作業。こんなに手間のかかるやりとりは、自分たちでやるのだという強い気持ちがなければできないことです。

そして、それは経営者にとっても同じです。30ものテーマを設定し、2年間の長期にわたってメンバーの**壁打ちの相手になる**ことは容易ではありません。そこには、メンバーの自立を促すのだという、揺るぎない強い意志を感じます。

自立への階段をのぼったメンバーの2年間を見て、この経営者はメンバーにすべてゆだね東京店をオープンする決心をしました。その後の躍進は前述のとおりです。今では、東京だけではなく、世界で活躍するメンバーが、この美容院から続々と輩出されています。

進歩のプロセスをアウトプット

自立を促すためには、まず、できることとできないことを明確に自覚させることが必要です。

つまり、進歩のプロセスを曖昧にしないこと。いつになったら何があるのか。どこまで到達したら次に進めるのか。そこが明示されないと動けない若手が多いものです。

質問状を出して、その質問に答えさせた2年間は、まさに、自分がどこまでできるのか、ここまでできたら、次はどこに向かえばいいのか、そのプロセスが丁寧にフォローアップされています。できなかったことができるようになること、「できるじゃないか」と認めることで自己効力感が生まれます。

自分の成長や変化を自分で言葉にしていくのは難しいものです。役割やポジションが変化したとき、担当する顧客が増えたときなどであればまだしも、日頃から成長実感を得続けることは難しいでしょう。

巣立ちを促すためには「自分ならできる」という自己効力感を植え付けていくことです。

今の若手は小学生のころから一歩一歩を大切にして大人になった人たちです。少々面倒でも

「1年前に比べてこれができるようになった」「次はここまで頑張ろう」と、クリアするテーマを決めて、一歩一歩導いていくことが大切です。

ゴールまでのマイルストーン

ゴールまでの道筋を作ることは、段階的な技術習得のカリキュラムづくりが必須の美容業界が得意としてきたことです。

例えば、入社してから髪を切る一人前の美容師になるまでの約3年の道のりには、しっかりとしたカリキュラムがあり、マイルストーン（里程標《りていひょう》）があります。

カリキュラムの最初には掃除の仕方のレッスンがあります。一通り掃除を覚えたら、次はシャンプーのレッスンです。学んだ技術は教育担当者に試験され、試験の合格者だけが、顧客のシャンプーを担当することができます。シャンプーができるようになったらヘアカラー、パーマ、カットなども段階を踏んで試験を受けます。カットだけでもいろいろなパターンを勉強するので、ほぼ毎週試験があります。あらゆる技術に細かくチェックポイントがあり、その試験をすべてクリアして初めてアシスタントを卒業し、スタイリストとして「入客」できます。ここまでにかかる年月が平均3年です。

「一人前とはどういう状態か」がしっかりと定義されているので、このように細かく段階的に指導メニューを作ることができ、階段を上るように進歩していけるのです。

一人前のスタイリストになってからは、顧客の人数や業績によってカット料金をアップしていきます。スタイリストになったらゴールではなく、むしろデビューしてからが、2段階目の美容師キャリアのスタートです。

美容業界はまさに学校。卒業に向けてシラバス（年間授業計画書）があり、そのシラバスに基づいて課題が進む。もともと、進化のプロセスをはっきりさせ、そのときどきにマイルストーンを置く業界なのです。


このような体系的な育成、職場の学校化に、今はどの会社も向き合わざるを得ない状況になっています。部署単位で現場のリーダーが自らコーチとなって現場指導する。教育研修専門の部署だけではなく、現場の指導力も必要になっています。美容業界ほど明確ではなくても、現場で求められる力を細かく分解して到達度別にチェックしていけば、競争心も生まれ、一人前になるスピードもあがるのではないでしょうか。

前述した福岡のサラでは、顧客に発信するヘアスタイル写真を撮影するチームがいくつかあってランク分けがされています。まずはブログでの発信をしてもよいチーム、ホームページの撮影までしてもよいチーム、年間のデザインテーマを考え顧客に発信ができるチームなど、レベルに応じた段階的な撮影チームを作っています。店全体で週に3回くらい撮影会をし、そのスキルを磨いています。

一段ずつ、段階を踏みながら範囲を決めて任せていくことによって、組織にやどらない、自立したスタッフが育つしくみです。

体験によって促す自立

「できる人」になるまでは、構い、励まし、温めて育てる美容業界も、「ゆだねられる人」にする段階では、自主性を育てるプログラムを積極的に使用します。

毎年感性を磨くために社員研修旅行をしている美容院では、研修前に課題が出されます。前述したリムでは、昨年、京の貴族の熊野詣の道として知られ、世界遺産にも登録された熊野古道を研修の場所に選びました。

まず、研修の前に自分の過去の歴史を描くという課題が出されました。スタッフたちは文章やイラスト、写真を使って、今までの自分を振り返る時間を持ちました。そして、研修中に求められたのは、自分の未来史を描くという課題。太古の自然が息づく緑深い場所で自己を見つめ直し、今後自分はどうなりたいのかというのを自らに問う時間です。

スタッフたちは思い思いに自分の未来史を表現しました。写真をコラージュしてなりたい自分を描いた人もいれば、絵や文章で想いを綴った人もいます。全員が自分自身のルーツとこれからに向き合いました。

これは技術のトレーニングとは違い、本人が能動的でないとなかなかできない課題です。そこで真剣に自分と向き合うことで、自立が促され、ゆだねられる人への一歩を踏み出すことが狙い。東京出店のときと同様、リムの経営者は、問いかけることを大事にしています。**「問うことで考える。答えは本人が出す。本人が出した答えだから気づきがある。教えないから育つ」**と言います。

海外での研修や講習参加を通して得る刺激を自立の機会にしている美容院もたくさんあります。

そこでは、ホテルに泊まらせずホームステイをさせる、地下鉄に乗って通学させる、昼間の自由時間は必ず単独行動をさせるなど、それぞれの美容院が自立を促すさまざまな工夫をしています。

用意されたプログラム通りに動くのではなく、自分で考え判断する機会を増やすことで、自ら動くエネルギーを高めています。異分野や海外での体験によって、ジャンプするきっかけを作っているのです。

自立を促す体験学習を職場で実施する。これは、小さいころから体験学習が多く導入されてきた今の新人たちには有効なやり方のようです。

フランスに支店がある前述のアトリエ ファゴでは、スタッフに交換留学をさせています。この場合も、ホテルに泊まらせず、自炊をさせ、現地の美容院にスタッフとして「通勤」し「勤務」経験をさせます。

地元の人々と一緒に生活し、直接情報交換することで、フランスという国の中での美容師の立ち位置を客観視することもできると経営者は言います。

フランスでは年配のベテラン美容師が尊敬され、大人の女性の本質的な美の作り手としてひとつの地位を築いています。人間は歳を重ねるほど成熟し魅力を増すと考える人が多いフランスでは、美容師も多くの経験をしてきたベテランが尊敬されます。

また、移り変わりの早い流行を追いかけるのではなく、自分らしいアイデンティティをしつかり確立できることが大人の女性の魅力と捉えているので、トレンド提案が得意な若手美容師が有利に働くシーンが少ないのが日本との違いです。

このことは、観光客として見るのではなく当事者としてサロンワークをして初めて見える価値です。日本でも今後社会が成熟化していけば、技術と経験を持った大人の美容師がもっと尊重されるはずだ、自分もそのような姿に近づきたいと、この研修を終えた留学者は感じるはずです。

海外での研修をただの異文化体験にするだけでなく、将来の自分の美容師像を考えさせ、自立を促す機会にしている。今の若手が**体験学習への馴染みがあり、効果が高い**ということを上手に育成プログラムに落とし込んでいる事例です。

自分に値段がつく職業

組織の中でも外に出ても、自分の考えをしっかり持ち、自分らしく振る舞う。これが、やどらずに独り立ちするために必要な態度です。

個人の売り上げと収入がほぼ比例する美容業界では、セルフブランディングという言葉が流行する前から、自分ブランドの確立が意識されてきました。

客は店につくことも多く、個人につくことも多く、店舗を替わった美容師にそのまま顧客がついていくということもよくあります。美容業界では、自分の「個」が立たなければ収入は増えません。

サービス業の中でも、人の技術と接客に値段がついていることは、美容業界の大きな特徴です。美容院にとっては、人そのものが商品なのです。個人の月間売り上げを30万円から50万円に。そして100万円、200万円に。中には500万円以上売り上げるスーパープレイヤーも存在します。技術と店内オペレーション、接客力を磨き、リピート率、指名率を高める研鑽を積んでいきます。

名古屋と東京で2店舗を経営する**ミスエッセンス**の女性経営者は、日本有数の顧客数と売り上げを誇るヘアデザイナーでもあります。

彼女の新規顧客のカット料金は1万6000円。日本のカット料金の平均は3384円（ビューティ総研調べ／2013年）ですから、4倍以上です。その値段にもかかわらず、予約がとれないほどファンが大勢います。

日本の美容院のカット料金は、世界的に見ても設定の幅が狭く、全国どこでも均一的な料金です。ゆえに、なかなか単価をあげにくい状況がありました。そんな中で、彼女は自分のブランド力を高め、カット料金をあげる戦いを24年間続けています。

最初は4500円のカット料金からスタートしてきて、3年かけて9500円まで料金をあげていきました。

顧客に「このコンテストに出ます。このコンテストで私がいい結果だったら、カット料金を4500円から6500円にしたいと思っています」「私はカット料金をあげたいのです！　努力をしています。それだけの価値をわかってください」と顧客に言い続けました。ほとんどの顧客が彼女の実力を評価していたこともあって、挑戦を応援してくれたそうです。店をオープンしてから3年間で9500円まであげ、20年間はずっと9500円のカット料金を続けてきました。

そして20年経ってから以降の新規客はカット料金を1万5000円にしようと計画し、店舗を名古屋の中心地に移動し、100坪の贅沢な空間を用意しました。1万5000円のカット料金にふさわしい技術だけではなく、それにふさわしい環境と空気感がいるとの経営判断です。消費税があがった2014年の春からは、1万6000円の料金で新規客をカットしています。

彼女は24年間で自分のカットの価値を3倍以上に引き上げたことになります。現在、彼女は自分の美容院のスタッフにも、自分ブランドの作り方を引き継いでいます。美容業界は、日頃からお互いに自分の値段がほとんど丸はだか。だからこそ、てらいなく正面から自分の値段をあげることに頑張れたのでしょう。

自分に値段がつく職業！　とてもシビアな業界ですが、考えてみれば特に美容業界ではその値段のつき方がわかりやすく目に見えるだけであって、どの業界でも同じことが言えるでしょう。商品力に大きな差がなければ、顧客が次に考えるのは「誰から買うか」「どの人間と付き合いたいか」ということ。人としての評価が判断基準になります。

26年前の新人時代の私は非営業部門に配属になり、営業配属の同期がうらやましくて仕方がありませんでした。自分はどれくらい売り上げを作れているだろうか？　会社に社会に貢献できているだろうかということがとても気になっていました。

しかし、今考えてみると、私たちも、気づかないうちに、目に見えない値段をつけられているはずなのです。

私たちも転職市場に出たとき、または情報収集を始めると、自分の値打ちがはっきりします。

履歴書に書くのは配属先や役職だとしても、何をやったのか、どんな実績をあげたのかをひと言で伝え「私は○○屋だ」と相手に伝えられなければ、市場では理解されません。△△部長という肩書は、ブランドにはならない。自分の個性や価値をわかりやすく言葉にしていくことで、外側から認められる人になっていくのです。

多くのスタッフを抱える美容業界の経営者たちは、もともとはハサミ一丁からスタートしている人たちです。個性的な人材を育て上げ、100人も200人ものスタッフを率いている彼らはとても魅力的です。強いリーダーシップを持っていて、スタッフに慕われています。

彼らは一様に人なつっこい人たちです。異業種の私を、すっと懐に入れてくれます。彼らの前では、会社名や肩書は何の意味も持ちません。問われるのは「あなたは何者?」という、ただその一点。「何を実現したいのか」「どのような夢を持っているのか」。彼らが見るのは、その本質的な部分だけなのです。

これは、常に顧客に「あなたはどれほどの者なのか?」と価値を問われ続けてきた人たちだからこその感覚でしょう。彼らは自分が何者なのかということを、常に自問しながら人とのコミュニケーションをしてきた人たちなのです。

この価値観は、組織の中で生きてきた私にとってはむしろとても心地よいものでした。この「自分は何者なのか」を問い「自分に何ができるのか」を言語化することこそが、これからの職業人として一番大事なことだと思います。

有名な会社に勤めていることや、社内で課長や部長であることよりも、自分自身が何者かを大事にしていくこと。会社を離れ、職場が替わっても残るのは、肩書による関係ではなく、名刺で言えば名前の部分の関係。仕事の受発注関係だけの付き合いは仕事が変わってしまえばそれまでのもの。職場や会社が替わっても付き合いの続く関係は、本音のやりとりの果て、心から信頼できると思える人としか築けません。新しい仕事を始めるときに頼りになるのはそこだけです。

これからは、キャリアが不連続になっていくように感じられる時代でしょう。昨日まで有効だったキャリアや肩書が、一日にして無になりかねない。

そんな時代に、人として何ができるのか、自分は何者なのかということを常に意識して生き残ってきた美容業界の人たちの価値観は、私たちもこれから大切にしていくべき考え方ではないでしょうか。

これまでの仕事を、関った人たちの顔とともに振り返り、自分ができたこと、役立てたことを思い出してみれば、一見不連続になってしまったと感じられたキャリアも、実は近いところでレールチェンジされただけだと気づくはずです。

肩書ではなく自分ブランド

「やどり世代」には、役職名にこだわらなかったり、会社の肩書に意味はないと達観したりしている人も多いように思います。

肩書ではなく、何かをする存在でいたいという意識が前面に出すぎるのは、彼らがこれまでの教育で「何をしたいのか」「なぜ学ぶのか」と問われ続けてきたことも影響しているのかもしれません。

確かに彼らが言うように「肩書だけ」には意味はないかもしれませんが、そこで培ってきた経験には意味があります。また、そこで成し遂げていることにも重みがあります。**役職やポジションにこだわらないのであれば、仕事の意味、意志、やり遂げたことにはこだわってほしい**と思います。

彼らに、「自分はこれができる人間だと周囲に理解してもらうのが自分ブランドだ」と言って諭すことは効果があります。

ブランドとは、伝える相手に対して果たす約束の表明だと私は考えています。

これを人に置き換えても同様です。この人はこれをやれる人だという周囲への約束。そして、それを誰よりも上手にできるのだと相対的に表すことが大切です。

例えば「誰よりも組織のストレスを抑えるフローを作れる人」や「誰よりも顧客満足の声を社内に届けられる人」としてのブランドが立っていくことで、その人は業務設計やプロセスマネジメントの人材、あるいはCS（Customer Satisfaction＝顧客満足）経営の責任者として、ゆだねられる人になっていく。

「肩書は一時のもので、大事なのは役割である」「自分には自分のブランドがある」という考え方は、むしろ「やどり世代」のほうがすんなり受け入れます。

ところで、美容業界では「値段」「売り上げ」の他に、どのように自分ブランドを言葉でアウトプットしているのでしょうか。

例えば、前述のリムには「ブラン度数」という造語があり、「ブラン度数＝ファンの数」と定義されています。これだけで終わってしまうと、その自分ブランドの価値はファンの数、つまり固定客の数ということだけになってしまいます。それだけでは「その人独自の価値」がはっきりしません。

そこで、スタッフに以下の5つの質問が向けられました。「あなたは上手ですか？」「それはなぜわかりますか？」「あなたのファンは何人いますか？」「去年から何人増えましたか？」「あなたが目指すファンの数は何人ですか？」

スタッフはこの質問に答える形で、自分自身のブランド価値と向き合います。自分にはいったいどのような価値があるのだろうか、顧客はなぜ自分を評価してくれるのだろうか、ファンとは一体何か、自分はこの先、どのようになりたいのか。こうして自問しながら自分の価値をアウトプットするトレーニングを重ねることで、自立できる若手を育てているのです。

曖昧な「自分ブランド」という言葉を分解し、問い直す。そしてその考えをアウトプットすることは、自分自身の得手不得手や個性と向き合う機会になります。

得意な場所で勝負することが、自分ブランドを確立する近道になることはどこでも同様。

得意な場所を見つけた若手は、やどりを卒業し、自立への道を歩み始めます。

女性上司の下で活きる

美容業界は女性が多い職場です。業界の男女構成比は約3：7と言われ、特に地方では女性の割合は高くなります。経営者は男性が圧倒的に多いのですが、店長やマネージャーなどは、女性管理職がとても多い業界です。

私自身も女性の上司の下で働く期間が長かったのですが、その経験は今の自分にとてもいい影響を与えてくれています。

当時20代後半の女性上司は育児をしながら仕事をしていた人なので、時間に対する感覚や密度、仕事へのひたむきさが男性とは違いました。組織の力学だけではなく、とても自律的に働く方で、やりたいこととやりたくないことが常にはっきりしていました。同時に女性らしい周りへの配慮や細やかさがあり、組織に埋没することなく世の中をしっかり見ていました。勘所、経営センスが良く、彼女に学んだことがその後の仕事にいくつもの示唆を与えてくれたと感じています。

特にサービス業では今、女性の感性が大変重要視されています。現在売れているモノやサービスにも、女性目線を大変強く感じます。ファッション用品も、電化製品も、女性目線を謳《うた》った商品ばかり。レストランやホテルも、女性目線を意識した空間づくりが計算されています。

商品の機能的な差が出にくくなり、五感に基づく感情価値で差別化をはかる必要性が出ていることも影響しているのでしょう。美容業界でも顧客アンケートをとると、男性美容師よりも女性美容師人気が高いことがわかります。

しかし一方まだまだ組織においては男性優位で、女性のリーダーは多くありません。これからは、もっと女性に学ぶ組織づくりを意識し、できる限り女性のリーダーが生まれる土壌を作っていかなくてはいけません。

景気の低迷もあり、マッチョな上昇志向もないのに、無理に上を目指した指導をしてもハレーションが起こるだけ。**今の新人たちが、女性のリーダーの指導によって動き始める**とよく聞きますが、それも頷けます。

経営できる人を育てる

美容業界で独立できる人を育てるとき、独立の一歩前の段階として、店長への登用があります。

チームプレイが必要とされる美容院の店舗の売り上げは店長の手腕に大きく影響されます。そこで求められるのは、数字を分析し売り上げをあげる能力に加えて、人を動かす人間的な魅力です

店長の役割は、メンバーの育成力、会議のマネジメント力、スタッフの目標達成のマネジメント力、マーケティング戦略、対応性を高める力、店舗の差別化戦略など、たくさんあります。また、スタッフに対する理解、スタッフの立場に立って考えることのできる力、スタッフの変化を見逃さないなどのコミュニケーション力も求められます。

技術者の売り上げの総数が店舗の売り上げとイコールにならないのが、おもしろいところ。同じ席数の店でも、店長の力によって、売り上げが大きく変わります。店長、すなわち「経営できる人」の質とボリュームが、美容業界では会社全体の成長にダイレクトに影響します。

組織の新陳代謝はどこでも課題になっていますが、美容業界では、スタイリストとしての

売り上げのピークが（現時点では）30代半ばから40代と、一般企業に比べるとかなり早いため、早い段階から実践的に経営にシフトするトレーニングをする必要があります。

概ね経営に成功している会社は、経理、広報、仕入れといった間接部門を共通化し、店舗で管理するのはシンプルな売り上げのみという体制をとっています。シンプルな売り上げと在庫の管理だとしても、若い時期に実践的な経営経験を積むことになります。技術者としても実績を持ったままプレイングマネージャーとして現場と経営の両方の仕事をこなしている人も大勢いて、ベンチャー企業のように20代のうちにさまざまな経験を積むことになります。

一方、技術者であるスタイリストは、マネジメントの世界へと役割を変えることに戸惑い苦労している人も多く、その姿を間近に見ている若手は、スタイリストとして、自分にも近いうちに大きなハードルが迫ってくるのだと実感します。

そうそう長くはやどれない、いつかは自分も巣立っていかなくてはいけないという覚悟を、身近な店長の姿から感じ取るのです。

ひたむきな店長は、その後ろ姿で「やどり世代」の自立を促しているとも言えるでしょう。

独立できる人を作る

日本の美容院は海外に比べて多店舗化が進んでおらず、独立を前提とした業界風土が美容業界に競争を生み、市場を活性化してきた土台にもなっていました。

しかし昨今は、独立して以前の美容院と縁を切るのではなく、フランチャイズ独立や、ファミリー独立などと呼ばれる方法で、育った会社と密な関係を続けながら独立する形態が増えています。ライバル店になるのではなく、いわば仲間としてその後も切磋琢磨し合う道です。

例えば東北を中心に直営・子会社・グループサロンを76店舗展開する友美《ゆうび》というグループがあります。多様なサロン経営や働き方を選択できる会社として同業者からも注目を集めています。

ここの社長は開業当初から直営店を増やさず独立を支援する組織づくりをしてきました。いわば競合店を近所に出す応援をしてきたのです。今でこそ、グループ内独立やフランチャイズ独立がスタンダードになった美容業界ですが、１９９３年の友美スタート時は、そのような方法は異色でした。

当時は円満独立はほとんどなく、一部のスタッフが独立した人についていってしまったり、近くに出店して顧客を奪ってしまう。お世話になった経営者との関係もこじれ、師弟の間柄を解消して相互に出入り禁止状態といった話も多かった時代です。

経営者側にも言い分はあります。新卒で入って何もできない新人を、アシスタントとして勉強させて一人前の美容師に育て、ある程度力をつけてきてようやくこれからなのにという思いがあります。

スタッフを育てては辞められて、店長を育ててはまた独立されて、という繰り返しをしているうちに、経営者もどんどん歳をとっていく。それとともにパワーが落ちてきて、本家の美容院がダメになっていくという繰り返しです。

そのような悪循環を打開しようとしたのが、友美の社長でした。独立したいという思いが当たり前ならば、最初から独立をさせることを目的とした会社を作ってしまおうと考えたのです。

会社としての体力は必要なので、直営店もある程度までは増やしています。母体が大きくなければ、会社として独立支援をしてあげたくてもできませんから、直営店は持っていないといけない。そのうえで直営店を増やすだけではなく、どんどん独立をさせていくことを同時並行していきました。

創業して2年半後、直営店がまだ3店舗だったときに1人目が独立店舗を出します。そのあとの4店目も5店目も独立店舗でした。

独立させる人は、すべて自社で育てています。まずは、力を持っていた店長たちを順番に独立させました。その後は、独立したい人に挙手をしてもらいました。

面談して独立したいとなったら、どのあたりに店を出したいのかを聞いて出店します。規模は約30坪、スタッフは8人以上というパッケージ。独立するスタッフには、自分で場所を選び、店名も自分で考えてもらいます。

最初の1年は直営店をまかせる形でスタートします。その後、独立するとき、その直営店をそのまま譲り受けて自分の店にするというケースと、新たに美容院を作るというケースと2パターンの道を用意しています。そしていずれ、経営者一人当たり最低3店舗は持ってもらうことが約束です。30坪を3店舗というのは、年商で1億5０００万～2億円の売り上げ規模。その程度の売り上げがあれば、その先はなんとか自分たちでやれるという目安になる数字です。

最初は、親会社として友美と社長が株式の１００％を持っている状態。独立した本人は代表取締役になるけれども、持ち株はゼロです。その間に銀行の信用を作らせます。1店目で順調に売り上げがあがってくれれば、２店舗目を出し、３年経ったら、会社や社長が持っている株式を本人に譲渡するというやり方です。

中には思うように数字があがらなかった人もいます。直営で３年以上、目指した売り上げがあがらなかったら独立支援は引き上げます。その場合は、独立の話がなくなってまた通常の社員に戻るようになっています。リスクの少ない、チャレンジしがいのあるシステムです。

「やどり世代」が中心になってくるこれからに向けて、うまく機能している独立支援の形態だと思います。この美容院は、現在は東北だけではなく、ニューヨークにも支店を持ち海外進出もしています。

チャレンジの機会を増やし、その独立を物理的にサポートすることで、若い世代も経営者として羽ばたくことができるようになり、その背中を見たさらに若い世代も経営者の予備軍になる。チャレンジできるための風土だけではなく、バックアップの態勢をとり、**やらせてみてダメだった場合も戻る場所が用意されている**しくみは、多くの業界で参考になるのではないでしょうか。

このようなバックアップによって、また、道筋によって、なかなか一歩を踏み出せない「やどり世代」たちも、自ら動ける人になっていくのです。

日本を牽引する未来の人材

東京と神奈川を中心に「アッシュ」ブランドの「のれん分けフランチャイズ方式」という独立支援システムで業績を伸ばし、２００4年8月にＪＡＳＤＡＱに上場を果たした**アルテ サロン ホールディングス**（以下アルテ）の会長は、現在日本だけではなく海外展開にも意欲を燃やしています。今後、全店の個人売り上げのベスト10に、海外で仕事をするスタッフがランクインする日も近いと言います。

先日、シンガポールの美容院のサポートに行ったこのフランチャイズの経営者がすっかりシンガポールでの仕事の魅力にとりつかれ、「シンガポールに永住させてほしい」と言ってきたそうです。彼は日本で30人のスタッフを持っている経営者ですが「今の日本にいては、創業者である会長を超えられない。アジアで勝負をさせてほしい」と言ってきたのです。

数店舗を任せてきたフランチャイズのトップが抜けるというのは大変なことです。けれどもその話をするアルテの会長は、どこか嬉しそうでした。「確かに計算外ではあったけれど、うちは人材を育ててきているから。彼の代わりは店長が務めることができる。アジアで100店舗をやる夢を追ってほしいよね」と言うのです。
自分の頭で考えさせ、心に火をともし、そして自立する人材を育て続けている美容業界の強さを、私はここでも感じました。

最近、ASEANへの進出を検討する美容院が増えています。これらの国は、まだまだ美容に関しては未成熟です。単価の低い地域では、利益はほとんどなく、むしろ大きな負担を強いられることは覚悟のうえ。それでも損得ではなくアジアに出店しようと考える経営者が多いのはなぜでしょうか。

例えばベトナムの市場は昭和30年代の日本とよく似ていると言われることがあります。インフラの整備や工業化社会への移行期、ピラミッド型の人口構成比が30年前の日本と酷似しているという点があるのですが、それ以上に未来への期待、消費への意欲がまるで昭和30年代の高度経済成長期の日本と同じ空気だと言うのです。
美容業界が大きく発展したのもこの時代。後ろを振り返る人は、店側にも客側にも少なく、皆、明日のことしか考えていなかった時代です。その空気、前に進む意欲に満ちた感覚を体験してほしい。そんな想いからＡＳＥＡＮ出店を検討したり、社員を研修に連れて行く美容院が増えています。このような国では同じ20代の若者の意識がまるで違います。明日の成長を夢見て信じている、そんな同世代からの刺激も、前に進む気持ちを強く後押しするのです。

第五章　一人前の先に見える道

「ゆとり」を自分で考えて行動する人に育て、「さとり」の心に火をつけ、「やどり」を自立させゆだねられる人に育てる。その育成の先に、美容業界ではどんな人材が育っているのでしょうか。そして、その人材を束ねる組織は、どのような顔つきの組織なのでしょうか。

ここでは、一人前に育てた若者たちがどのような組織を作っていくのか、人材育成の先に見える組織のあり方について考えていきます。

サファリパークの組織

魅力あるスタッフが育っている美容院で私が例外なく感じることは、働く人の多様性と組織としての懐の深さです。

非常に個性的なプレイヤーたちが、その個性をそのまま発揮して生き生きと働いているのに、組織としてもまとまっている。一見矛盾するようですが、個性が尊重されることとまとまり感が相反することなく、組織としてひとつの方向に向かっています。

このような組織を、前述したスイッチの経営者は「檻の中ではなくて牧場。動物園じゃなくてサファリパーク」という言い方をしました。さらに「スタッフに問うのは、上手かどうかではなく、面白いかどうか」と続けます。

正しいことを決めつけるのではなく、考え方の多様性を受け止められる組織こそが、強い組織であるということを常に意識しています。

また、ガーデンのトップは「ゾウとトラとライオンがいて、昔は全部自分が鎖を持っていた。たまたま鎖を持っているのが自分だからつながっていたという状態。それが今は、鎖を外してもここにいる。ここにいて、お互いに協力してやっていったほうがいいんじゃないかと思う人間が増えてきた」と、組織の成長について話してくれました。

同じようなことを、ウカの副社長はメジャーリーグの最強球団ニューヨーク・ヤンキースに例えます。「今後も多様性を高めることを推し進めていきたい。何があっても耐えられるビジネスフレームというのは、個々が自主的に動いて多様性を作っていくことに尽きる。ヤンキースのように、プロフェッショナルのプライドを高められる組織にしたい」

自ら主体的に動けるプロが集う、超一流の集団。一見バラバラに見えても、実はバランスや方向性を外すことのない組織。こんな状態を、今回紹介したリーダーサロンと呼ばれる美容院は持っているのです。

この3人が言うことは、いずれも、**上司の指示ではなく、自らが意志を持って動く人材で組織を形成していくのだ**という意識を示しています。

自走できるミッション経営

リーダーサロンは会社のビジョンやミッションのもとに「自ら走れる」組織づくりを意識

しています。

一人前に育った後は枝葉の部分はいちいち細かく指導せず、一人ひとりのメンバーを信じきる。任せきる。ビジョンやミッションや理念を大切にしていけば、自走できるはずだし、高いレベルの技術やサービスを自分たちの判断で思い切って行うことができる。顧客に対しても、自分たちの組織に対しても、その約束をきちんと果たすことができるという信頼のもとに進む経営です。

一人ひとりをプロの専門家集団に育ててきたのだから、そこから先は任せきるのです。任せられればスタッフも意気に感じますし、責任を果たしたい気持ちも強くなります。任せることで、自走し、ミッションを完遂していく。そのスタンスが強ければ強いほど、強い店づくりにも繋がりますし、他の店とは違った顔つきの「らしい」組織になっていきます。

同僚の中に頭角を現す人が出てきたら、あまりいい気分にならない人もいるでしょう。けれども、実力主義のベースがあり、それを許容できる組織ができあがっているのです。世界の市場も見据えて、とても難しいことにチャレンジしていると思います。

アメリカのシアトルを本拠地に、日本でも今や１０００に近い店舗を展開する世界最大級のコーヒーショップ、スターバックスでは、日本における学生アルバイトの定着率がとても高く、学生たちは就職活動までの大学在学中の大半をスターバックスで働きます。そしてアルバイトを経験した多くの学生がスターバックスのファンになり、新卒採用試験にチャレンジするそうです。

スターバックスには、マクドナルドに代表されるようなマニュアルがないと言われています。その代わりに、多くの学生が引き続き働きたいと思えるようなポリシーとビジョンがあります。顧客に対してありたい姿に基づき自走するスターバックスの組織づくりの話を聞き、美容業界のトップサロンと重なる部分を多く感じました。

個人が自らの意志で判断し、顧客や市場に向けて責任を持って価値を提供する。それができるビジョンを作り、浸透させる。それがサービス業にとっては重要なのだということを、私は美容業界の方々から学びました。

創業者のDNAに本質がある

一人ひとりが自らのエンジンを回していく組織であるために、よりどころになるのが創業者のDNAです。イノベーションを起こしてきた企業というのは、必ず創業者のDNAを残していると言った人もいます。そのＤＮＡは、社名の由来になっていたり、理念やミッションとなっているはずです。そしてそのＤＮＡが組織の風土を作り、社員の服装や、会議のルールや、採用の基準や、同僚や上司の呼び方などに表れていくのです。

「自ら機会を創り出し、機会によって自らを変えよ」

私が新人の頃は、リクルートの創業者、江副浩正のその言葉が刻まれた青いプレートが全員の机の上に置かれていました。入社した日に配られたこのプレートの言葉を、私は今でも大切にしています。

「この案件はどうすればいいでしょうか」と先輩に相談に行くと、必ず「お前はどう思うの？」「お前は何をしたいの？」と問い返されました。そしてその先輩の机の上には、その青いプレートが置いてあるのです。「ああ、そうか。自分で機会を創らなくてはいけない」と思いながら、自分の席に戻るとやはりそのプレートが目に入ります。

自分たちでチャンスを創る。そして、そのチャンスによって自分を変えていかなくてはいけないという言葉を土台に、「私がやる」と動き、自らの意志で語り、新しい取引先に飛び込んでいく魂が、20年前に培われていたのだと思っています。

そして今、私はリクルートライフスタイルでビューティ総研、ホットペッパービューティーアカデミーを担っています。美容領域に関わる従業員は「美容業界の進化と発展のサポーターであること」「カスタマーのしたいに応え続けること」「人を想い人のためにあろうとすること」「新しいニーズを生み出すアイデアとパワーを持つこと」「クライアントのありたい姿への良きパートナーであり続けること」というミッションを、手帳や名刺入れに入れて持っています。私も私の組織も、そして共に働く仲間たちも、こうありたいと考えながら、日々行動しています。

どんな職場の中でも成長の礎になった遺伝子が必ずあります。創業のDNAを大切にして、それに基づいた技術を提供しているのか、教育をしているのか、接客をしているのかをいつも意識している経営者が、美容業界には大勢います。

スタッフの教育を考えるとき、創業者のDNAから組織の目的と役割を今一度ブレイクダウンし、若手にわかる言葉で伝えていくことはとても大事です。リーダーは、そのミッションを自分たちの業務に照らし、なぜこの仕事が必要なのかと、常に問い続けることができなくてはいけないと感じます。その照らし合わせがサービスの違いになり、商品の違いになります。

「その会社は何を大事にしている会社なのか」ということは、今の顧客にとって大切な選択のポイントになっています。

今まで存続してきた会社には、今まで評価されてきたその会社の仕事の「価値」があります。その価値はどのようなミッションに基づいて生まれ、育まれてきたのか。それをひもとくことが、自分たちの仕事の価値を感じることにもつながるのだと思います。

自分たちの仕事の価値の原点を、土台づくりの若い時期にしっかり刷り込み、仕事の意義を感じてもらう。それが、強い組織づくりへの第一歩であると感じます。

同業種でパイを広げる

ここまでも何度か紹介しましたが、美容業界は横のつながりが非常に深い業界です。本来ならばライバル店同士になるような立場でも、お互いに技術を教え合い、組織での教育システムを開示し合って良いところを取り入れ、業界全体で底上げをしていこうという空気があります。

同業者の集まりというと、業界の利益を守っていこうとする談合的なネガティブなイメージがあるかもしれませんが、美容業界の同業種勉強会はまったく違います。顧客を増やすために良い方法があったら皆でそのナレッジを共有してパイを大きくしよう、美容文化をもっと浸透させようという考え方なのです。この市場の「パイを大きくする」という発想は、同業者同士でないとできない発想です。

美容業界以外の分野でも、「自分たちの業界の価値を高めよう」と考え発信する人が、その業界のリーダーとなっています。

宿泊施設の再生を行い、旅館・ホテル業界に新風を吹き込んでいる星野リゾートの星野佳《よし》路《はる》社長を招き、美容業界の経営者向けにセミナーをしたことがありました。

そこで彼は「外国人の訪日観光客を増やして、インバウンドマーケットを増やしたい」という話をしたのですが、この話を美容業界の経営者たちはとても熱心に聞き、大変共感をしていました。なぜなら、彼らも日頃からパイを奪い合うのではなく、業界のマーケットそのものを大きくしたいと考えていたからです。

自分たちの業界を発展させようとすると、自社だけではない広い視野での取り組みが必要になってきます。例えば近年では、福祉理美容という分野も注目されています。老人ホームやケアハウスでのヘアカットはもちろんのこと、自宅へ訪問してヘアカットをするようなサービスも、美容業界の中から生まれています。抗がん剤治療などによる脱毛時に必要となる医療用ウィッグを、美容院で購入できるような取り組みも始まっています。

行政ではなかなか行き届かない細部にわたるケアが、福祉理美容に関わる美容師の存在によって行われています。

介護や福祉、あるいは医療という分野に隣接している美容業界は、今後ますます高齢化する日本の社会で大きな役割を果たすことが期待されます。税金が投入されている公共の分野ではなく、サービス業が民間の自律的なつながりによって高齢化社会に対応していけるという点で、美容業界が示す可能性は注目に値します。このように高齢化対策などの社会課題をクリアしていく機能を美容院が担えるように、国の制度改革を待つのではなく自分たちから動いていこうとする姿勢はとても重要です。

異業種・異分野の領域に緩やかに接続し、新しい価値を持ち込んで変化を促していくことは、どの分野でも必要です。特に医療、健康、介護福祉の分野には、あらゆる業界が関っていくべきです。美容によってもたらされる人生のモチベーションを見るにつけ、そうした取り組みが、高齢化社会において私たちの負担を抑制する可能性を強く感じます。

また、日本の美容師は海外、特にアジア圏では非常に高く評価されています。

一人ひとりの髪質や顔型に合わせたカットやカラーなどの技術力と、高いホスピタリティをベースとした対応力は、今や、世界に通用する高度な専門性です。各国で現地相場の何倍もの料金設定が成立するだけの、圧倒的な技術とサービス、ホスピタリティの力量が認められているのです。

トップスタイリストと呼ばれる美容師は世界各国で技術の講習を行っていますし、アジアだけでなく中東からも日本のサロンへの見学者が増えています。最近では、ヘアトレンドの発信地と言われるロンドンや、世界中のデザイナーが集まるニューヨークなどの美容師よりも、日本の美容師のほうがプロとしての技術力が高いとも言われています。

1万時間の修業を経てようやく一人前。そしてそこからも新しい技術や接客接遇、人づき合い、商品知識の更新、メニュー開発、店舗運営と学び続ける。業界全体が継続して学習する習慣を持っているからこそ、世界が注目するレベルにいつの間にか達していたのです。

驚くことに、このように熱心に練習しているのはアシスタントだけではありません。すべての試験に合格してスタイリストになってからも、トレンドを知るための勉強会や、新しい薬剤がどのような毛質に合っているかを研究する勉強会などに加え、レッスンの講師役になるための勉強会などもあり、勉強に終わりがないのが美容業界です。**1万時間のレッスンで**

スタートラインに立ってから先も、さらに学び続ける風土が美容業界にはあります。

美容業界で成功した人たちは、必ずしも5教科型の勉強が得意だった人たちばかりではありません。「勉強は大の苦手だった」と豪語する経営者やスタープレイヤーもたくさんいます。しかし「勉強嫌いだった」と言う彼らが、今では驚くほど勤勉で勉強熱心です。

血縁・職縁・地縁

もうひとつ。これからの時代、地域社会とのつながりというのは、大事なキーワードです。

例えばシャッター通りになっている地方の商店街を見ると、美容院だけは残っていることがよくあります。少子高齢化が進み、核家族が増え、孤立死が増えている状況の中、美容院が地域のハブとして機能しているケースがあります。

美容院の中でやりとりされている顧客の家族の状況や、自身の健康に関する何気ない会話から、深刻な問題が発生する前に問題の種が解決されることも少なくありません。

それは人が集う場だからということもありますが、地域のコミュニティや社会とのつながりを美容業界が非常に大切にしてきたからだとも言えます。この美容院の機能、まさにサロン＝社交場としての機能が、今、とても見直されていると感じます。

自分がどこにつながっているのか、自分がどこに所属しているのかという感覚は、大都市で会社勤めをしているとなかなか感じにくくなります。上京して就職した若い世代には、縁が職縁しかなくなっている人もたくさんいます。

美容業界も、職縁がとても強い業界ですが、それ以外に、自分たちが店だけではなく、地域という場にも所属しているという感覚を持っている人が多い。会社を辞めたら孤独になる私たちのような会社員とは違い、**地域とつながっている彼らに安定感を感じる**ことは多々あります。

また一般的に女性のほうが、社会でのコミュニティへの参加や習い事など、社外活動の縁が深いように思います。中高年も女性同士の旅行が目につきます。それだけ女性の目線のほうがフラットで、バランスが取れているとも言えるかもしれません。

職場だけの人間関係では、考え方や価値観も固まってしまい、変化にとまどう人材になってしまいます。そんな意味からも女性が持っている多様性を受け入れる態度は重要です。

自ら考え動くスタッフを育て、自走することができる組織に。そして地域とつながりを持ち、業界全体で社会の課題解決を目指す組織に。古い時代からある、街の商売だった美容院が、日本の会社が抱える多くの課題にいち早く直面し、真っ向から向き合ってきた教育方法。ご紹介してきた美容業界の人材育成の取り組みには、変化の激しい時代を乗り越えていくために、私たちに、そして特にこれから働く新人たちにとって必要な要素が数多く埋め込まれています。

皆さんの身近にある美容サロンにも、これからの日本を支えるサービス業のエッセンスがつまっています。

もしサロンに行く機会があったなら、担当のスタイリストさんにひと声かけてみて下さい。「新人の時から、どんな修業をしてきたの？」と。

きっと皆さんの仕事にも通じる、一人前へのエピソードが聞けるはずです。

あとがき

日本の雇用人口において、サービス業に従事する人の割合は増加の一途で、２０２０年には情報・サービス業の就労人口は50％を超える見通しです。サービス業の仕事は、機械やロボットに置き換えることが難しい仕事ですから、「人の仕事」として残っていきます。工業化社会からサービス経済化が進み、サービス業に従事する人の割合が年々増加しているのです。

サービス業中心の社会への移行は今後アジアにも急激に広がります。先行した日本は、サービス業のマネジメント、品質、オペレーションシステムなどに長《た》けていて競争力も高い。今のところはアジア諸国を一歩リードしていると言えます。

今後サービス業はますます日本を支える大切な産業になっていきます。

日本はビューティ大国と言われていて、その美容市場は米国に次いで世界2位です。国内の美容院だけでも厚生労働省への届け出数は22万件を超え、総務省によると従業美容師数は

48万人以上。20〜64歳の女性は年間平均で約5回美容院に通い、1回あたり6547円をかけています（ビューティ総研調べ）。

昨今では海外の方からの評価も高く、日本に来た外国人が体験したいことで「美容サロンに行くこと」と回答した人は「食べ歩き」「温泉」「ファッションの買い物」「化粧品の買い物」「街歩き」に次いで6番目。また、海外に進出しているサロンも増加しており、「接客力」「デザイン・技術力」「衛生管理力」とともに店舗のマネジメント力は国際的にも高い競争力があります。

その美容業界で生まれた数々の人材育成術を考えるとき、この業界は今の産業の構造的な課題に先行して直面してきたのだということに気づかされます。

今後人材のシフトが進むサービス業のエッセンスがつまっている業界であったこと、マチュア化する成熟した社会に対応しなくてはいけなかったこと、積極的な女性の活用が必要だったこと、採用に苦労をする業界であったこと、プロとして深い専門性が必要とされる世界であったこと、独立が多く会社に依存しない人が多かったこと。そして何より人を育てなければ明日はない「人材育成産業」であったこと。

サービス業にとどまらない組織の課題、特に人を育てるうえでの問題が、美容業界では先に顕在化していて、対応を迫られていた。故に、強くタフな人材を速いスピードで育てる土壌が作られていたのだと感じます。

今、改めて考えなければいけないと感じるのは、新人・若手には、「キャリア観よりも仕事観」がより必要だということ。**何をするか（＝キャリア観）ではなく、どう働くのか（＝仕事観）**。働くことによってどう成長していくのかという問いかけです。

美容業界は無意識的にかもしれませんが、「仕事観」を若いうちから育ててきた業界とも言えます。終身雇用が成立していた50代、60代の世代とは違い、今までのキャリアがある日突然分断されるということが「ゆとり」「さとり」「やどり」の世代には頻発しそうです。そんなときに必要な能力は「不連続なキャリアをつなぐ編集能力」。それまでに学んだ力を次の仕事で活かす力。自分の中に蓄積された力を棚卸しして新しい分野に応用する力。そして持ち運びできるスキルを意識する力を育てていきたいものです。

スタンフォード大学のジョン・D・クランボルツ教授が提唱した「計画的偶発性理論（プランドハプンスタンス・セオリー）」というキャリアに対しての考え方があります。その理論の骨子は「キャリアの8割は偶然のできごとで決まる。でも、その8割の偶然は自分で計画的に設計して良いものにすることができる」というものです。

チャンスは常に偶然によって引き起こされます。しかし、その幸運は積極的に行動し、備えを怠らない人のほうが引き寄せやすい傾向がある。だから「幸運は偶然ではない」というのが、彼の理論です。

幸運の花束が目の前の川に流れてきます。そこで花束をキャッチできるかどうかは、キャッチできる能力を身につけていたかどうか。そういう花束をつかむための力の身につけ方を、より具体的なリアリティをもって、私は美容業界の人たちから学んだと感じています。


そもそも私自身も美容業界とのご縁はまったくの偶然です。

リクルートではキャリア、大学や専門学校の広報・地域活性・マーケティングといった、美容と直接的なつながりの少ない部門で長く働いてきました。縁あって、美容領域での仕事を担当することになりましたが、今では必然だった、一本の線につながったような気がしています。

キャリア（career）の語源はキャリアー（carrier）。「運ぶ」です。よく車輪の跡、轍《わだち》にも例えられます。まるで轍のように、自分の人生をふり返ったときに残る跡、それがキャリアです。私の轍は、まさに、美容業界に向けてつながってきたのだと、今、改めて感じています。

本書の編集担当である講談社の加藤孝広さんには、刺激的な仕事の機会をこれまでにも何度もいただき、そしてまたそれがひとつ形になったことがとても嬉しく、感謝しております。ありがとうございました。

そして構成をお願いした佐藤友美さん（最近は本名でお仕事をされています）。美容業界の皆さんにはペンネームだった増田ゆみさんという名前のほうが馴染みがあるかもしれません。彼女には感謝の百乗です。今回ご紹介しているサロンだけでなく、旭川から那覇まで、全国各地のサロンへの取材をご一緒し、また夫婦漫才のように2人でセミナーをしたことも何度、何十度あったことでしょう。美容業界の今、そして未来の可能性を語る多くの時を過ごしてきました。いつもいつも本当にありがとうございます。

そして株式会社リクルートライフスタイルでホットペッパービューティーに関わり、美容業界の発展に向けて日々頑張っている全国すべてのメンバーにもとても感謝しています。美容業界はまだまだ成長できる業界です。世界に向けて、そして幅広い世代に、ビューティを通して健康や生きる力を与えるパワーを持っています。熱い人たちがいます。私も含め、その成長の良きサポーターになれるよう、これからも頑張っていきましょう。

最後になりましたが、オリジナリティあふれる教育法とその理念を熱く語ってくださり、この本での紹介を快くご許可くださった美容業界の経営者の皆さんに心から感謝いたします。そして働くことの意義について、私に多くの気づきと発見を与えてくれた、美容業界のすべての方との幸運な出会いにも感謝したいと思います。

株式会社リクルートライフスタイル　ビューティ総研　センター長　野嶋　朗

野嶋 朗

(株)リクルートライフスタイル ビューティ総研 センター長。

1964年、神奈川県生まれ。明治学院大学卒。1988年、リクルート入社。進学情報、キャリア、日常消費生活領域で事業企画、商品企画、人材育成、広告宣伝、マーケティング、営業分野に携わる。進学事業カンパニーオフィサー、北海道支社長などを務め、2010年、美容市場の可能性や兆しをテーマにした「ビューティ総研」を設立。ビューティビジネス学会理事、ビューティ・コーディネーター協会およびリラクゼーション業協会顧問。

年間80回におよぶ講演、専門誌などでの執筆を通し、ビューティビジネスの分野で消費者意識、ブランド力向上、サービスMGT力強化、人材育成支援、新領域開発、国際化などを専門に発信。

共著に『美容師が知っておきたい50の数字』(女性モード社)がある。

講談社+α《プラスアルファ》新書 658-1 C

「うちの新人《しんじん》」を最速《さいそく》で「一人前《いちにんまえ》」にする技術《ぎじゅつ》
美容業界の人材育成に学ぶ

野嶋《のじま》 朗《あきら》

2014年5月20日第1刷発行

発行者———— 鈴木 哲
発行所———— 株式会社 講談社
東京都文京区音羽2-12-21 〒112-8001
電話 出版部(03)5395-3532
販売部(03)5395-5817
業務部(03)5395-3615
デザイン———— 鈴木成一デザイン室
カバー印刷———— 共同印刷株式会社
印刷———— 慶昌堂印刷株式会社
製本———— 牧製本印刷株式会社

Printed in Japan
ISBN978-4-06-272850-8